Fred Ostrowski
Au Revoir Marlene
Nachruf aus
Deutschland

Originalausgabe
Erste Auflage

Copyright (C) 1995 by
Betzel Verlag
Postfach 1905
31569 Nienburg   FAX 05021 61327

Alle Rechte vorbehalten.

Kein Teil dieses Buches darf ohne schriftliche
Erlaubnis des Verlags reproduziert werden.

ISBN 3-929017-43-1

Photos:
Deutschlandtournee 1960 /
Heinz Köster /Stiftung Deutsche Kinemathek Berlin

Deutsches Theater München 1960/
Rudolf Reiprich/Collection Ostrowski Berlin

Film-und Postkartenphotos:
Stiftung Deutsche Kinemathek Berlin

Titelphoto:
Stiftung Deutsche Kinemathek Berlin

Illustrationen: H. H. Dietrich

Fred Ostrowski

Au Revoir Marlene

Nachruf aus Deutschland

Für

Jutta Freymann
Fritzi Elsner

und

Ulrike Lessing

Vorwort

von Fred Ostrowski

" DER BLAUE ENGEL HAT SEINE FLÜGEL GEFALTET ", schrieb eine französische Zeitung und auch die deutschen Autoren konnten sich bei ihren Nachrufen einer lyrischen Ausdrucksweise nicht entziehen.

Das war bei Marlene schon immer so und es wird auch so bleiben.

Marlene Dietrich, eine Jahrhundertfrau schlechthin. Deutschlands einziger Weltstar und eine Frau von großem Format und mit beeindrukkender Würde ausgestattet, hat sich und ihr Leben nie vereinnahmen lassen wollen.

Zu Lebzeiten hat sie das nicht zugelassen und nach ihrem Tod werden es sogenannte Biographen schwer haben, das Leben dieser außergewöhnlichen Frau authentisch zu beschreiben.

Maximilian Schell sagte noch vor kurzem: „Die Wahrheit über Marlene Dietrich wird man nie erfahren".

Viele Veröffentlichungen, die nun den Markt überschwemmen, erheben den Anspruch, Wahrheiten zu vermitteln.

Es ist sehr zweifelhaft, daß diese Halbwahrheiten, Wichtigtuerei und neidvolles Unbehagen eine „neue Wahrheit" vermitteln können.

Die Biographie von Steven Bach, sowie die aus nächster Nähe erlebten Geschichten von Constantin Petru und die Dokumentation von Werner Sudendorf sind allerdings für jeden Marlene Bewunderer ein Muss !

Sollten eines Tages die Notizen und Tagebücher erscheinen dürfen, so würde das nicht nur die Weltpresse in Verzücken versetzen, sondern hätte natürlich einen besonderen Stellenwert. Als ich vor fast 20 Jahren angefangen habe, Materialien von und über Marlene Dietrich zu sammeln, hätte ich nie gedacht, daß ich einmal ein Buch oder Ausstellungen gestalten würde. Dabei war der Anfang meiner Bewunderung simpel. Ich hörte das Lied „Sag mir wo die Blumen sind" und war nachhaltig von dem Text und der Stimme beeindruckt.
Damit fing alles an.

Bei Recherchen in alten Zeitungen und Magazinen kam ich sehr schnell auf die "besondere Berichterstattung" in der Boulvardpresse. Wie viele sich noch erinnern werden, war Marlene Dietrich dort einer regelrechten Hetzkampagne ausgesetzt. Auch andere große Deutsche, z.B. Willy Brandt und Heinrich Böll, um nur diese zu nennen, haben über lange Jahre mit ähnlicher Berichterstattung leben müßen.

Sensibilität, Toleranz und humanes Denken gehören nicht zu den Eigenschaften, die Schlagzeilen machen.

Die Untat Marlene Dietrichs nach 1933 nicht nach Deutschland zurückzukommen, hat man ihr nie verzeihen können. Sich nicht von dem Nazi-Bazillus anstecken zu lassen und die Hitlerei als barbarisch zu bezeichnen, ist heute noch Grund sie zu beschimpfen.

Das sie 1930 in die USA reiste, um dort mit Josef von Sternberg zu arbeiten, war eine ganz normale Handlungsweise.

Die Querelen zu der Besetzung der Lola im „Blauen Engel" sind hinreichend bekannt. Ein Alfred Hugenberg (später Minister im Hitlerregime) nannte den Film „undeutsch" und die damalige Ufa nahm ihre Option nicht wahr.

Der blaue Engel folgte seinem Meister. Was für ein Glücksfall für die Filmwelt!

Immer wieder wird behauptet, daß Marlene Dietrich ins Exil gegangen oder gar emigriert wäre. Manchem mag es wohl gefällig sein, aber es war natürlich nicht so.

Ihre Courage, nach 1933 nicht in ihr geliebtes Berlin zurückzukommen, war der Mut einer Berlinerin, die wußte, was in Deutschland vor sich ging.
Bis heute haben viele Menschen das wohl nicht verstanden, denn ansonsten kann man die ständige Wiederholung der Unwahrheiten nicht verstehen.

Die amerikanische Staatsbürgerschaft mußte sie beantragen, da nach der Ablehnung der Naziangebote ihre Ausbürgerung beschlossen wurde. In den USA kann man, gestern wie heute, nicht ohne Staatsbürgerschaft leben und arbeiten. Die Aberkennung der deutschen Staatsbürgerschaft kam dann auch einen Tag nach Annahme der amerikanischen. Man möge sich das Photo ansehen, das Marlene beim Eid auf die amerikanische Verfassung zeigt. So sieht niemand aus, der glücklich ist.

Übrigens wurde ihr nach 1949 die deutsche Staatsbürgerschaft nie wieder angeboten.

Marlene Dietrich 1945 in US-Uniform auf deutschen Boden ! Bis heute ist das offenbar auch nicht verwunden. Der blonde Engel in der Uniform des Feindes; der Besatzungsmacht ! Man könnte fast annehmen, daß dies so schrecklich gewesen sein muß, wie „verlorener Krieg" in Befreiung zu ändern. Was bis heute auch nicht so recht glücken will.

Dabei hat man wohl vergessen, daß auch Alfred Döblin, Billy Wilder, Gottfried Reinhardt, Erich Pommer und Klaus Mann ebenfalls in US-Uniform Nachkriegsdeutschland besuchten.

Marlene Dietrich aber war eine Frau. Das wars wohl !

Buck Dawson, 1945 Offizier in der Westzone Berlin, bekam zu dieser Zeit einen Brief von Marlene. Sie bat ihn, ihr zu schreiben, wie einige Straßen und die Gedächtsniskirche aussehen würden. Es waren Straßen, wo sie einmal gewohnt hatte und Freunde noch leben konnten.

Solche Geschichten waren aber in der Presse nie nachzulesen.

Ein Abend im November 1991.

Das Telefon läutet und eine Damenstimme meldet sich mit:" Marlene Dietrich, Paris".

Ich glaubte es nicht. Sie wiederholte ihren Namen und nun mußte ich es wohl glauben. Sie hatte meinen Brief bekommen, in dem ich ihr von einer Ausstellung zu ihrem Geburtstag berichtete und sie bat, mir vielleicht etwas beizufügen. Etwas persönliches. Da beschäftigt man sich wochenlang mit der Auswahl von Photos und anderem zu Marlene Dietrich und dann ist diese Frau am Telefon !

Über die Ausstellung haben wir kaum gesprochen. Sie versprach mir zwar, ein Tonband zu senden, aber es kam nie an.

Doch sie wollte alles über Berlin wissen. Wie schön es doch wäre, wieder unter dem Brandenburger Tor durchgehen zu können. Wie verstehen sich die Menschen, nachdem die Grenzen offen sind ?

Es ging nur um ihr Berlin und ich glaube, sie wäre gern, sehr gern hier in Berlin gewesen.

Jean Amery sagte einmal:

„Gehörte ich dem Volk der Deutschen an, so wäre ich stolz auf sie und stolz auf diesen Stolz."

In diesem Sinne wird es mir immer ein besonderes Anliegen sein, Marlene Dietrich in Berlin und Deutschland die Würdigung zuteil werden zu lassen, die sie verdient.

Dieser Weltbürgerin und Künstlerin des 20. Jahrhunderts gilt es, ihren Platz zuzuweisen.

Dazu soll dieses Buch einen Beitrag leisten. Bekannte Autoren haben sich in ihren Nachrufen bemüht, von den Klischeevorstellungen und endlich, wenn auch spät, ihre Haltung zu Nazi-Deutschland in gebührender Weise zu erklären.

Auch wenn das nicht immer geglückt ist, so betonen die Nachrufe doch ihren besonderen Stellenwert in dieser Zeit.

Fred Ostrowski, Berlin den 15.08.1994

Marlene Dietrich - eine große Künstlerin, eine große Patriotin. In den dunklen Zeiten der Gerwaltherrschaft steht ihr Name für das bessere Deutschland, für die Wahrung von Recht und Freiheit, für die Würde des Menschen.
Wir schulden ihr Dank.

Dr.Jürgen Sudhoff

Deutscher Botschafter in Frankreich

Geblieben sind die Bilder in unseren Köpfen

„Die Frau, nach der man sich sehnt"; „Blonde Venus", "The Devil is a Woman": Schon die Titel der Filme „der" Dietrich sind oft Programm, sind Klischee, genauso wie die anderen Etikette, die man ihr anklebte: Fesche Lola, Marlene „legs" Dietrich, schönste Großmutter der Welt: sie alle (und es gibt noch mehr) signalisieren die Begeisterung ihrer Verehrer ebenso wie die Cleverness Hollywoods, das aus dem aus Deutschland importierten Produkt einen Mythos schuf, mit dem sie immer noch identifiziert wird.

Man muß aber darauf beharren - und es gibt niemand, der das konsequenter getan hätte als sie selbst -, daß sich täuscht, wer glaubt, Legende und Person seien eins. Es gibt kaum eine andere Autobiographie, in der ein Filmstar über sich mehr verbarg, als es Marlene Dietrich in „ ..nehmt nur mein Leben" getan hat. Dennoch liest man sie mit mehr Gewinn als viele andere Selbstbekenntnisse von Filmstars. Und das liegt daran, daß Marlene Dietrich wirklich Interessantes über ihren Beruf und vor allem über ihre Auffassung von diesem Beruf mitzuteilen hat - und daran, daß sie eisern festhält am Recht auf Persönlichkeitsschutz, daß auch oder gerade bei einem Star Leben und Rolle, Person und Image zweierlei sind.

Marlene Dietrich jedenfalls hat das immer sauber zu trennen gewußt selbst auf die Gefahr hin, sich bei allzu hartnäckigen Fragen in Banalitäten zu flüchten. Vermutlich ist ihre Scheu, zu viel von sich und ihrem Privatleben, dem ihrer Familie und Freunde preiszugeben, auch der Grund für manche ausweichende, unbefriedigende und selbst

Fakten leugnende Antwort gewesen, die sie Maximilian Schell für seinen langen Dokumentarfilm gab. Ihm, mit dem sie im „Urteil von Nürnberg" gemeinsam vor der Kamera gestanden hatte, hat sie Immerhin erlaubt, Fragen zu stellen. Geantwortet hat sie ihm, aber nur auf Band; ihr Gesicht zu zeigen, hat sie Ihm auch verweigert.

Das war ihr damals (wie selbst ihre Wohnung) auch Teil ihrer Intimsphäre geworden - und damit Tabu für die Öffentlichkeit, auch für ihre Fans. Vielleicht wollte sie ihnen nur die Enttäuschung darüber ersparen, daß das schöne Gesicht, die atemberaubende Figur vergänglich waren.

Sie war nicht immer so zurückhaltend. Aus ihrer Zeit in Berlin, den „roaring twenties", und mehr noch aus ihren ersten Jahren in Hollywood in den Dreißigern wird viel von wilden Auftritten in der Öffentlichkeit berichtet, von Besuchen der jung verheirateten, fast noch unbekannten Schauspielerin auf Transvestiten-Bällen. Schon damals liebte sie es, Männerkleidung zu tragen. Das Signal für sexuelle Offenheit nach beiden Seiten war freilich auch, so wird von Zeitgenossen glaubhaft kolportiert, ein entscheidender Beitrag zur Emanzipation der Frauen.

Jedenfalls entsprach ihr Verhalten in der Öffentlichkeit oft verblüffend genau dem, was sie in ihren Filmen verkörperte, und man wird den Verdacht nicht los, das alles sei von der PR-Abteilung der Paramount gewollt - zur Verlängerung der Rolle, die ihr die Filmleute auf den Leib geschrieben hatten, ins „wirkliche Leben" sozusagen. Sie erhöhte dadurch ihre Glaubwürdigkeit als Star - und konnte Ihr Privatleben um so besser abschotten.
Die Studiobosse taten freilich nichts anderes, als weiterzuentwickeln, präziser, schärfer herauszuarbeiten, was schon in ihr angelegt war - und das war der Vamp der frühen amerikanischen Filme ebenso wie die reife, lebenstüchtige Frau der späteren Rollen und der gute Kamerad, der patente Kumpel in denen dazwischen. Schönheit, Eleganz, Verfüh-

rungskunst auf der einen, Treue und Mut auf der anderen Seite hat Brigitte Jeremias in einem schönen Aufsatz zu Marlene Dietrichs 80. Geburtstag als die wesentlichen Züge im Charakter ausgemacht - und zwar in dem der Filmfiguren ebenso wie in dem ihrer Darstellerei. Ich denke, hier wenigstens würde sie selbst beipflichten die immer stolz darauf hingewiesen hat, daß man ihr schon in ihrer Kindheit beigebracht hat, was Pflicht sei, die stolz war auf ihre Professionalität als Schauspielerin, die so ehrlich war, nie einen Hehl daraus zu machen, wenn sie verliebt war, sich aber andererseits nie von ihrem Mann scheiden ließ, den sie schon 1924, noch zu Ufa Zeiten, geheiratet hatte.

Ein Star war sie damals noch nicht, noch lange nicht. Im Lauf von acht langen Jahren hatte sie es zwar von winzigen Rollen (z. B. in Joe Mays „Tragödie der Liebe", 1923) zur Hauptrolle in Kurt Bernhardts „Die Frau, nach der man sich sehnt" (1929) gebracht, aber es mußte erst ein Amerikaner kommen, um die Prinzessin wachzuküssen. Josef von Sternberg war es, der sie wirklich entdeckte. Er, der von der Sucht nach Perfektion getriebene Autor von „Underworld" und „The Docks of New York", machte aus dem Entlein den stolzen Schwan, fand die Rolle, die zu ihr paßte: die Lola aus Heinrich Manns „Professor Unrat", der für die Verfilmung mit Zustimmung des Autors in „Der blaue Engel" umgetitelt wurde.

Darin spielte Marlene Dietrich, für die sich Sternberg gegen den Rat, sogar den Widerstand vieler an der Produktion Beteiligter entschieden hatte, den eigentlich als Star auserkorenen Emil Jannings glatt an die Wand - wie ein, nein eben nicht wie ein Naturereignis: Was sie bot, war das Ergebnis entschiedener, hart erarbeiteter, kunstvoller Stilisierung. Und der „Blaue Engel" war erst der Anfang davon.
Ein Star war geboren. Zusammen machten sich Sternberg und die Dietrich an die Arbeit - in Ameria, wohin sie unmittelbar nach der Uraufführung gingen, wo Marlene ihre neue Heimat fand: Also schon vor 1933, und weil die Ufa auf ihre Option verzichtet hatte. Ihre Rollen

in Sternbergs Filmen sind, bei aller Verschiedenheit des plots, einerseits nur Variationen des Typus, den Marlene bereits als Lola verkörpert hatte, andererseits zeigten sie eine atemberaubende Perfektionierung - im Spiel der Dietrich ebenso wie in der Inszenierungskunst Sternbergs, der über dieser Zusammenarbeit zu einem der ganz Großen der Filmgeschichte wurde, zu einem Magier des Lichts.

Die Filme sind vollendete Kunstprodukte, vollkommen synthetisch wie ihr Star. Über die Jahre gab es eine kleine Akzentverschiebung in der Figur: Ein Vamp war sie immer, und die Männer fielen ihr auch immer zum Opfer. Aber von der Lola im „Blauen Engel", die den Professor zum Narren macht, über die Amy in „Marocco", die Menjou sitzen läßt, um Cooper in die Wüste zu folgen, und über die Shanghai Lilly, die, um dazu zu werden, „mehr als nur einen Mann benötigt hat", führt der Weg zur herzlosen „Scarlet Empress" und zur männerverachtenden Concha in „The Devil is a Woman": Immer grausamer, immer härter werden die Frauen, die sie spielt - Spiegelbild der schwindenden Hoffnung ihres Regisseurs, aus der Dietrich könnte doch mehr werden als nur der Star seiner Filme? Zu verdanken indes hat sie ihm, und sie wußte das, alles - nicht zuletzt die Bilder, die wir heute von ihr in unseren Köpfen haben.

Immer neue Hymnen provozieren sie, ohnmächtige Versuche, in Worte zu fassen, worin der Reiz, das Geheimnis, die Anziehungskraft dieser Frau besteht, dieser Verkörperung des Sex Appeal, der doch so seltsam geschlechtslos bleibt. Versucht man eine Beschreibung, merkt man erst, mit welchem Ausstattungsorgien Sternberg sie aufputzte, wieviel Kitsch er bemühte - und wie meisterhaft er es verstand, sie ins Licht zu setzen: Die langen Beine und ihr Gesicht, diese beiden besonders (warum wohl hört man so selten von dem Rest ihrer Figur?), und ihre Art, sich zu bewegen. Bei aller Faszination, die von den Beinen ausging und von ihrem Gesicht mit den halbgeschlossenen Augen, den tiefen Schatten und den Wangenknochen und dem vollen

wundervollen Mund: Ihr Geheimnis liegt vor allem in der Verlangsamung, der Verzögerung, die sie ihren Gesten, ihren Bewegungen, ihren Worten auch zu geben verstand.
Seltsam nur, daß die Filme gar nicht so erfolgreich waren, damals (sogar als „Kassengift" war sie verschrien). Ein Beispiel für die Blindheit der Kritik, ein guter Anlaß, Bescheidenheit zu lernen? Für die Dietrich war es eher ein Glück, weil sie dadurch aus dem Klischee herauskam, in das Sternberg sie gezwungen hatte. In „Desire" von Borzage und im herrlichen „Angel" von Lubitsch (ebenfalls zunächst keine großen Erfolge) spielte sie noch die gewohnte Rolle, aber 1939 in „Destry Rides Again" („Der große Bluff") konnte sie endlich zeigen, daß sie mehr konnte. Er war der Beginn fast einer neuen Karriere, während der sie mit allen zusammenarbeiten konnte, die in Hollywood Rang und Namen hatten: mit Lang, Hitchcock, Welles, Wilder.

In diesen Jahren reifte sie zu einer großen Schauspielerin, die ihre Mittel souverän beherrschte. Aber zunehmend schob sich zunächst neben und dann immer stärker vor den Film eine neue Arbeit für sie: Sängerin, Entertainerin. Ab 1943 stellte sie sich, die vorher vielen Emigranten aus ihrer alten Heimat geholfen hatte, in den Dienst des Kampfes gegen die Nazis und absolvierte viele Auftritte als „Truppenbetreuerin", als Sängerin in Diensten der Army, die sie auch nach Europa, sogar in das schon von den Nazis befreite Aachen führten. An der Seite de Gaulles zog sie nach dem Krieg in Paris ein, stolz nahm sie militärische Auszeichnungen an.
Danach arbeitete sie als Schauspielerin und als Sängerin, bis sie ganz auf die Bühne wechselte. 160 Platten gibt es von ihr, und viele ihrer Lieder sind Evergreens geworden, vom berühmten schlachtruf „Ich bin von Kopf bis Fuß auf Liebe eingestellt" bis zum bewegenden Antikriegssongs Pete Seegers, „Sag mir, wo die Blumen sind", den ihr alter Freund Max Colpet verdeutscht hat.
90 wird sie heute. Sie ist der einzige Weltstar, den Deutschland hervorgebracht hat. Manche Deutsche haben ihr lange nicht verziehen,

daß sie weggegangen ist. Viele wollten nicht akzeptieren, daß ihr Engagement im Krieg nichts anderes war als ihre Form der Treue und Liebe zu ihrer alten Heimat. Es wäre höchste Zeit, das zu verstehen. Und da sie nie einen Oscar bekommen hat (oder hat sie auch den nicht angenommen?), und da das Tabu endlich durchbrochen wurde und Hans Albers als erster Filmstar mit einer deutschen Briefmarke geehrt wurde: Beantragen wir schon heute, ihr zu ihrem 100. auch eine zu widmen. Sie hat sie verdient.

WALTER SCHOBERT

Professor Walter Schobert ist Direktor des Frankfurter Filmmuseums.

EIN GEHEIMNIS AUS DEUTSCHLAND

War es nun Gott, der die Frau erschuf (die französische Version), war es das Volk (die amerikanische Version), war sie es selbst (unsere Lieblingsversion) oder war es ein Regisseur, der sich auf die eigentümliche Spannung zwischen vollendeter Oberfläche und innerem Geheimnis verstand, der man den Namen »Glamour« gab. Das war jedenfalls Marlene Dietrichs Version, die sich Zeit ihres Lebens gern als das „Geschöpf" von Josef von Sternberg sah, auch wenn der von solch einem Schöpfungsakt nichts wissen wollte. Aber diese Suche nach dem „Vater" gehört zu Marlene Dietrichs Mythos wohl so sehr wie die mehr oder minder spielerische Aneignung seiner Attribute. Marlene Dietrich ist die Frau, die den Vater überwunden und ihm die Zeichen seiner Macht entwendet hat. Darum sind alle Männer vor ihrem Angesicht kleine Jungen, noch lebensweit entfernt davon, zu wissen, was Liebe ist, aber voller unschuldiger Sehnsucht, die für diese vaterlose, unpuritanische Frau nichts Schmutziges hat.

Den lüsternen Vater hat die Kinogestalt Marlene Dietrich in *Der blaue Engel* bezwungen. Josef Sternbergs freie Heinrich - Mann - Verfilmung aus dem Jahr 1929, der 18. Film der Schauspielerin. Siegfried Kracauer hat geschrieben:"In ihrer Lola-Lola verkörpert sich das Geschlecht in neuer Gestalt: von diesem berlinisch-kleinbürgerlichen 'Frauenzimmer' mit den verführerischen Beinen und dem lässigen Wesen ging ein unbekümmerter, sinnlich-träger Gleichmut aus, der den Männern keine Ruhe ließ, bis sie das Geheimnis aufgespürt hatten, das sich hinter so viel 'Kaltschnäuzigkeit' verbergen mußte. Daß solch ein Geheimnis bestehen mußte, deutet sich auch an, mit der sie in

Untertönen begehrlicher Erinnerung und Erwartung zugleich sang, daß sie 'von Kopf bis Fuß auf Liebe eingestellt' sei.

Ihr Gleichmut veränderte sich dabei freilich niemals, und vielleicht gab es kein Geheimnis zu ergründen."

Die Form dieses Geheimnisses ist eine Mischung aus Autobiographie und Technik. Mit Marlene Dietrichs Gesangsstimme hatte man von Anfang an Probleme, so daß Friedrich Holländer und Robert Liebmann für sie besondere Lieder schrieben, in denen sie ihre spezielle Form des Sprechflüstergesangs entwickeln konnte, und ihr Leinwand-Image wurde in zahlreichen Beleuchtungsproben geschaffen. „Marlene Dietrich" entstand, indem man besonders deutliche Zeichen des Weiblichen mit besonders deutlichen Zeichen des Männlichen auf einer möglichst indifferenten Projektionsfläche kombinierte, und den so entstandenen Menschen mit einer Mischung aus Spott, Einsamkeit und narzißtischer Lüsternheit darauf reagieren ließ. Alles an ihr sollte sich an Grenzen abspielen, zwischen den Geschlechtern, den Ländern, den Zeiten.

Marlene Dietrichs Leinwand-Geschichte entwickelte sich aus dieser Frau mit den männlichen Attributen, die den Vater-Mann ruiniert hat (und aus der Geschichte der Schauspielerin die den großen Emil Jannings übertrumpfte). Was mochte geschehen, wenn diese Frau auf Reisen ging, wenn sie in politische Intrigen verwickelt würde, wenn sie verfolgt würde, wenn sie sich verlieben würde, trotz aller möglichen dunklen Vergangenheit, wenn sie einen Ehemann haben würde, einen Geliebten vielleicht, ein Kind sogar? Aus allen diesen Fragen wurden ihre Filme..Und es konnte nicht ausbleiben, daß mit jeder Beantwortung ein Stück Geheimnis verlorenging und ein Stück Menschlichkeit gewonnen wurde. Ab dem wunderbar komischen Western *Destry Rides Again* ist die spöttische Distanz ersetzt durch eine spöttische Kumpanei. Nun ruiniert sie die Männer nicht mehr, jedenfalls möchte

sie das nicht mehr unbedingt, sie versucht sie sogar hier und da zu retten. Das bringt sie selber um, zerstört das Bild, das ihr so viel Schutz gegeben hat.
Marlene Dietrich scheint zunächst ganz und gar Bild zu sein, das Geformte, das verschwindet, wenn das Licht vergeht, und der Blick, den es geführt hat. Sie wirft mehr Licht zurück als je ein anderes Filmwesen, sie scheint alles Licht noch zu verstärken, zu verteilen, in unsichere Gefilde zu leiten. So ist dies ein Bild, das seine Geformtheit, seine „Künstlichkeit" nicht leugnet, aber dennoch nicht nach den Regeln funktioniert, nach denen Bilder funktionieren sollen. Denn „richtige" Bilder, im Kino schon allemal, sollen ja das Gebannte darstellen, etwas, das nicht mehr entkommen kann (während eher außen herum, im Nicht-Sichtbaren, das Bedrohliche lauert). Bilder sollten nach der militärischen Regel geschaffen sein, daß wir sie ansehen können, ohne daß sie zurückblicken. Nur so ließe sich ja die unendlich suggestive Welt der Bilder und vor allem der Frauenbilder bändigen. Dieses Bild indes, das Marlene Dietrich bildet, dieses Bild, das in seiner statuarischen Ikonographie immer wieder auf bestimmte Merkmale zurückkehrt (der Mund, die hochgezogenen Augenbrauen, der Hut, das Fell, die Beine) läßt sich nicht davon abhalten, selber zu blicken. Und wie.

Ich weiß, so sag das Bild der Frau im Kino und sonstwo so oft, daß ich ein Bild der Entblößung bin. Marlene Dietrichs Blick macht den Betrachter zum Entblößten, nicht so wie der von Mae West, der uns sinnlich abschätzt (das hat noch jeder überlebt), sondern wie jemand, der alle Hierarchien der Spiegelungen und Bilder durchbricht. „Schauspieler und Publikum werden austauschbar" hat Josef von Sternberg einmal gesagt, und in Marlene Dietrichs Spiel mit der Kamera wurde deutlich wie anders uns der Film berührt als das Theater. Die Verführung, die von ihr ausgeht, hat nichts mit planer Erotik zu tun. Es ist die Einladung in eine andere Welt, die Verführung zu einer anderen Sprache der Liebe. Dabei ist die Verbindung von Zeichen des Männlichen und Zeichen des Weiblichen weit mehr als kokettes Beiwerk. Weder spielt sie eine „Hosenrolle", noch macht sie recht eigentlich Mode mit ihren Anzügen, Fliegen und Krawatten. Und es ist auch nicht komisch, kein Zwischenstadium der Identitätssuche, wenn sie immer wieder Transformationen von Männlich und Weiblich durchlebt, als sei das eben eine semantische und keine biologische Angelegenheit. Biologisches, soziales und ästhetisches Geschlecht finden zwar eine Form, aber sie haben nicht dieselben Adressater. Hinter den Schleiern, den Falten, den Schlitzen und Verkleidungen lauern viele Geheimnisse, eine Reihe von Beziehungen, die dazu geführt haben, daß Marlene Dietrich ein wunderbarer Gegenstand für Essays wurde, das Geschlechtliche in der Welt der Bilder und Zeichen betreffend, aber auch Bereiche vollständiger Leere. Die scharfe Kontur ist bei Marlene Dietrich die andere Seite einer Geste des Verschwindens. „Mein Gesicht einfach so, das wäre gar nichts" hat sie einmal gesagt. Und auch ihre Stimme verschwindet inmitten ihrer Lieder gelegentlich einfach.

Wenn der Glamour unter anderem aus der Vermischung der männlichen und der weiblichen Zeichen in einer Kultur entsteht und dabei für die entscheidenden Augenblicke die Widersprüche zwischen den Männerbünden und den Frauenbünden aufhebt, so funktioniert er gewiß immer auch in einer merkwürdigen Spiegelung des Militärischen. Marlene Dietrich, deren zwei Väter im Leben aus preußischen Militärtraditionen kamen, hat dafür immer ein Faible behalten. So gibt es im Krieg Marlene Dietrich als Truppenbetreuerin in USA-Uniform, die sie mit noch größerem Vergnügen zu tragen scheint als die Hosenanzüge.

Man stelle sich vor: Marlene Dietrich, die für die amerikanischen, Zarah Leander, die für die deutschen Soldaten singt. Beide Frauen, die jeweils ganz und gar nicht das Idealtypische (nicht das Pin-up-Girl a la Betty Grable, nicht das Mädel a la Lilian Harvey) verkörpern, bezeichnen auf sehr verschiedene Weise das Prinzip des Fremden im Eigenen und die mythische Anwesenheit der abwesenden Frau für das Leben im Krieg. Während man sich nach Nähe und Wärme zu sehnen hätte, verkörpern sie etwas, das entschwindet. Weiblichkeit im Zustand der Auflösung oder der Neubildung. Distanz und Nähe sind nicht mehr auszumachen. Das Weibliche löst sich auf und kann überall, auch in der Welt der männlichen Zeichen erstehen. In Marlene Dietrich war das „Deutsche" schon gerettet für eine amerikanische Zukunft, bevor der Krieg gewonnen war, und in Zarah Leander war der Krieg schon verloren.

Marlene Dietrich blieb die geheimnisvolle Verbindung von Glamour und einem mythischen Deutschsein. Kenneth Tynan schrieb, man spüre in ihr „eine uralte teutonische Volksweisheit am Werk". Was immer er damit gemeint haben mag, es paßt zur Vorstellung von einer „Frau mit Vergangenheit", die ganz notwendig auch politische Dimensionen erhalten muß. In *A Foreign Affair (1948)* von Billy Wilder ist sic die deutsche Barsängerin Erika von Schlütow, eine frühere Nazi-Mätresse - so ist das Leben für eine Frau, die mehr will als dem Soldaten die Strümpfe stopfen und Kinder gebären. Da kommt Jean Arthur als erzkonservative „Phoebe Frost", um die Sittenstrenge der amerikanischen Armee zu kontrollieren: ein absurdes Frauenpaar, wie in Hitchcocks *Stage Fright,* wo ausgerechnet Jane Wyman neben Marlene Dietrich spielt. Und diese Phoebe Frost erscheint in ihrem Wesen ebenso wie in ihren Absichten viel eher der teutonischen Vorstellung einer „richtigen" Frau zu entsprechen als die Glamour-Frau in den Trümmern. Aber spätestens hier wird auch deutlich, daß Glamour nicht nur Überlebensstrategie und Begabung bedeutet, sondern auch einen Platz ziemlich nah am Abgrund.

Was Marlene Dietrich in den Jahren nach dem Krieg auf der Bühne vor allem zelebriert hat, war die Lust der Distanz. Sie nimmt den Applaus nicht einmal dankbar, schon gar nicht gerührt entgegen, sie registriert ihn nur neugierig, es gibt keine Sentimentalität zwischen ihr und dem

Publikum. Nicht einen Augenblick. Marlene Dietrich hat alle Frauenrollen, die die nonpopuläre Mythologie geschaffen hat, zur Seite gelassen, so wurde sie unvergleichlich. Das ist eine Seite des Geheimnisses. Eine andere ist ihre Gleichgültigkeit, eine energisch-spöttische Art ganz sie selbst und nie bei der Sache zu sein.

Georg Seeßlen

Verführungskünste eines gefallenen Engels

Nichts, so beschwören es die Zeugen, kam Marlene Dietrichs Bühnenpräsenz gleich. Eine „göttliche Marionette" nannte sie der Publizist und Politologe Dolf Sternberger, „eine erhabene, ägyptisch-kosmetische Kunstfigur", und schrieb ihr Hymnen, wie alle vor ihm, Hemingway oder Noel Coward - „Our legendary, lovely Marlene". Jeder Ton ihrer Songs und Chansons war auf Wirkung bedacht, berechnend in der kleinsten Nuance wie ihr lasziver Blick, den die berühmten Lichtbildner bannten. Cecil Beaton, Horst oder Karsh. Augensterne leuchteten mit Strahlenwimpern unter Brauen, die sich mit den Jahren höher wölbten, bis sie zum Schluß auf der straffgezurrten Haut des Schädels unter dem Zylinderrand verschwanden.

Nicht ihr Gesicht begründete den Ruhm. Es waren vielmehr die Beine, ein Zufallsprodukt gefälliger Natur, eine freundliche Geste des Schöpfers, der sie auf Gliedmaßen stellte, die gewiß wohlgeformt waren, wenn auch nicht ganz so schlank in Fesseln und Waden wie die ihrer Mittänzerinnen im Flitter und Tüll der frühen Varietenummern. Aber eben diese Vielbesungenen, nach denen „ganz Berlin verrückt" war, gaben den Auftakt für eine Karriere ohnegleichen. Jedem Gassenhauer, so anzüglich wie sentimental, verlieh sie den Adel des Kunstliedes. In ihren besten Momenten glitt die Stimme, Gipfel artistischer Perfektion, die sich als Spontaneität ausgab, über in Töne leiser Natürlichkeit. Dann sang sie von früher: „Ach, wie war das wunderschön, damals . . ."

Damals hieß wilhelminisches Berlin, wo am 27. Dezember 1901 Maria Magdalene Dietrich als zweite Tochter eines preußischen Polizeioffiziers das Licht der Welt erblickte, das sie um so viele funkelnde Facettenreflexe bereichern sollte.

Als die Lichtmaterie erzeugende Kraft schwächer wurde und sich der Altersschatten auf das Antlitz legte, erfuhr die Kindheit nostalgische Beschwörung.

„Nehmt nur mein Leben", unter dieses Goethewort stellte eine Jahrhundertfigur ihre vielleicht wahren, vielleicht erdichteten biographischen Selbstinszenierungen ein „Rausch auf dem Papiere". Episoden aus der Zeit des Leierkastenmanns, dem eine Kinderhand in Glaceleder Groschen reicht, werden den Lesern vorgesummt wie ein Chanson. „Es kam mir manchmal vor als lebte ich in einer allein für mich reservierten Zelle" - sie bot Ausblick auf eine Bildergalerie: Familienaufnahmen in Plüschrahmen oder imitiertem Jugendstil. Erinnerungen, wie sie sich in ihrem geschehnishaften Ablauf auf die Filmkamera vorbereiten. Mein Leben, ein Script - das Kind mit seinen zu vielen Locken glich Shirley Temple, ein altkluges und frühreifes Kunstkind, auf Lieblichkeit gedrillt. -

Den Atelierporträts der Zweijährigen, der Fünfjährigen, immer Puppe im Fleisch, entströmt schwacher Lavendelduft. Der breite Hut war obligat wie die weißen Kleider mit Lochstickerei, darunter die unschuldig runden Kinderbeine in weißgeknöpften Gamaschen. Dem Schulmädchen schnürte die Mutter das Schuhband fest über den Knöcheln, damit sie ihre schmale Form bewahrten. Im Winter verwandelten die Tränen aus den zugekniffenen Augen „das blasse Licht der Laternen in ein goldfarbenes Feuerwerk".

Kindheit in der Obhut weiblicher Hände: Verehrungswürdig schön waren Mutter und Großmutter, sie weckten die Liebe zu den feinen Dingen, Fabergedosen und Perlen, die warm und blaßrosa auf einem weißen Hals ruhten. Wenn hier nicht die Marlitt träumte, dann war es

Else Ury mit ihrem „Nesthäkchen und der Weltkrieg". Im Kugelhagel starb der Stiefvater, Eduard von Losch; eine junge Offizierswitwe verhüllte sich in schwarzen Schleiern, die Töchter trugen Dunkelblau im Marinestil. Im Rathaus hatten die Listen ausgelegen: verwundet, vermißt, gefallen... „Niemand versuchte den Nachbarn zu stoßen, so wie man das in den Läden tat, um Brot zu ergattern. Die Leute waren freundlich zueinander, während sie vom Tod lasen." Jahrzehnte später zog die weltweit berühmte Diva in amerikanischer Militäruniform über die Schlachtfelder. „Sag, wo die Soldaten sind/ Über Gräbern weht der Wind . . ." Sie hatte die Apokalypse erfahren. „Tapfer, treu und wunderschön schon am frühen Morgen in einem G. I .-Hemd und Kampfstiefeln", so erlebte Hemingway die Spurensucherin.

Damals weinte die Soldatentochter, aber die Stimme der Diseuse erlaubte sich keinen Schluchzer zu den Klängen ihrer harten, im Marschrhythmus skandierten Lieder. „The little drummerboy": Sie sang englisch, aber immer fühlte sie deutsch und dachte an ihre Kriegsjugend in Germany. Pflichtausübung war das Ideal der Mutter, die „unerbittliche Verteidigerin der Treue" ging keine dritte Ehe mehr ein. „Stark, ruhig und unversöhnlich" wahrte sie zur Tochter Distanz. Zeit der Chopinwalzer, der Bachsonaten und italienischen Serenaden auf der Geige - „als wäre Gott mit uns, und die Apfelblüten verstreuten ihre Blätter auf eine friedliche Erde". Den fehlenden Vater ersetzten Geistesheroen aus der Vergangenheit. An Freiligraths glasgerahmtem Gedicht - „O lieb, solang du lieben kannst" - lernte die Verwaiste ihre Lektion der Pietät: „Und sorge, daß dein Herze glüht ".

Mit dem Umzug nach Weimar trat der Dichterfürst in Erscheinung. „Goethes Weisheit leitete mich - damals wie heute." Das Leserauge saugt sich am Bekenntnis fest. „Mein Idol wies mir, wie mit einem göttlichen Licht, den Lebensweg-und bewahrte mich vor dunklen, erniedrigenden Erlebnissen." Keine Gretchentragödie war zu befürchten, so schön war das Fräulein mit den breiten Kieferknochen nicht, wer ihr Arm und Geleit antrug, bleibt Kulissengeheimnis. „Seine Stadt war mein Hafen, seine Häuser wurden meine Häuser. Auf die Frauen, die er geliebt hatte, war ich eifersüchtig. Meine leidenschaftliche Bewunderung für Goethe war die Basis all meiner Gefühle." Wer möchte der Bekennerin die schöne Seele absprechen?

Dienst am Dichterwort lautete das Berufsziel, nachdem eine Sehnenentzündung den Traum der Violonistin von einer Konzertlaufbahn vereitelt hatte. „Wer jetzt weint irgendwo in der Welt,/ Ohne Grund weint in der Welt,/ Weint über mich": Rilke wurde zur zweiten Wächterfigur am Tempel erkoren. Schritt die Erwählte wirklich durch das Tor der Deutschen Schauspielschule in Berlin auf Max Reinhardt zu? „Seine Augenbrauen brauchten über zwanzig Minuten, um zu ihrer normalen Position zurückzufinden", kommentiert Josef von Sternberg die Mär. Theaterwirklichkeit lehrte eine neue Bescheidenheit. Oft hatte die Statistin nur einen einzigen Satz zu sprechen: „Kauf mir den, Daddy - den Mann!" Mit Bernard Shaw ließen sich Lacher erzielen. Für manchen Auftritt war das Kleid nur im Rücken bestickt, bitte nicht umdrehen.

Das großflächige Gesicht entdeckte erst der Regieassistent Rudolf Sieber für den Film, und er empfahl ein Monokel, um mit dem spiegelnd-irisierenden Glasscherben die kaum zu überschminkende Vitalität durch einen Hauch des Mondänen, Makabren zu brechen. Die Zweiundzwanzigjährige nannte sich nun Marlene Dietrich, ein Name, „so sanft im Anlaut und in einem Peitschenknall endend", vor dem später der empfindsame Jean Cocteau zurückschreckte. Ihre Präsenz in Kinostücken wie „Eine Dubarry von heute" oder „Madame wünscht keine Kinder" erregte niemandes Interesse, ganz im Gegensatz zu ihrem Debüt im Varieté. Die Diseuse in fließend grünem Seidensamt mit Yvette Guilberts halblangen Handschuhen schmiß freche Couplets ins Parkett und übte sich mit Margo Lion in aasigen Blicken: „Wir haben einen kleinen Stich,/ wir stehlen wie die Raben. .., wir tun's aus sexueller Not". „Das Publikum, das elegante Publikum des Berliner Westens, raste vor Vergnügen", erinnert sich Hubert von Meyerinck.

Als sich die Endzwanzigjährige dem Regisseur Josef von Sternberg vorstellte, hatten die Gestirne eine Einsehen gezeigt. „Ich spürte, daß mein verhülltes Gegenüber mir die Aufgabe, sie in einen Tiger zu verwandeln, wahrhaftig nicht leicht machen würde."
Jannings, bei der Sitzung zugegen, sah nur „die Augen einer Kuh vor sich, verschleiert, wie wenn sie ein Kalb gebäre". Die Aktrice hieß im bürgerlichen Leben Frau Sieber und war Mutter einer Tochter, die nichts von der Doppelexistenz ahnte. Im Schmelztiegel des Filmateliers entstieg aus giftig schillernden Dämpfen ein Weib anderer Art, ein gefallener Engel, und sollte auf dem Rücken eines Philosophen reiten. So hatte sich Heinrich Mann seine Travestie der altfranzösischen Verserzählung ausgedacht und den bekannten „Lai d'Aristote" als Romanvorlage für „Professor Unrat" benutzt. Die antike Hetäre, die schon so manche Metamorphose erlebte, war auferstanden als „bunte Frauensperson", eine Kanaille in verfänglichen Gewändern, in denen sich die Pennäler verhedderten und ein preußischer Gymnasiallehrer zu Fall kam.

In seiner unübertroffenen Schauspielkunst verlieh Emil Jarnnings dem Opfer tragische Größe, erweckte die papierne Karikatur zum Menschen und unterlief die Absicht des Autors. Was aber gefiel den „in das Triebleben zurückgebannten Gehirnen"? Nichts weiter brauchten sie als „ein Stück helles Fleisch, bestrahlt von einem hellen Reflektor", etwas Glänzendes, das den Fuß vom Stuhl hob und am Strumpfrand zupfte, und „einen großen Mund, dunkel aufgerissen". Schon 1905 war allen künftigen Filmkritiken das Wort geschrieben: Nie entfernte sich Marlene Dietrich aus der Bannmeile des Ordinären, die Heinrich Mann seherisch um sie gezogen. Aber Lola, Lola war die Himmelsleiter emporgeklettert und strahlte als Supernova über Hollywood.

Wird je die Filmgeschichte die Gründe für den Erfolg aufdecken? Greta Garbo war ungleich schöner, so viel begabter Katharine Hepburn oder Bette Davis in ihrem differenzierten Spiel erwachsen aus der doppelbödigen Persönlichkeit. Aber keine gab den vielschichtigen Gelüsten des voyeuristischen Publikums so nach wie jene, deren Filmtitel nun ihre Epitheta wurden, „Shanghai Lily" oder „Blonde Venus". Dabei wahrte sie noch in der Entblößung Distanz, wie um dem angedeuteten Exhibitionismus größere Faszination zu verleihen. Laszivität und das Kalkül in der Dosierung des erotischen Flairs waren ihr ureigenes Rezept und blieben es bis ans Ende ihrer Filmkarriere, die sie bis ins reife Alter fortsetzte. Denn sie bediente sich eines Kunstgriffes eher unbewußt. Es war diese gewisse Lässigkeit, ja Gleichgültigkeit ihrem Alter ego gegenüber, „sie lachte, lachte über die Welt, über sich selbst", die gewitzte Kreatur Heinrich Manns.

In den Vereinigten Staaten umwob sie ihr Deutschtum mit der Aureole des Exotischen; Femme fatale, die ewige Verführerin, trug einen Gretchenkranz in „The Song of Song". In Deutschland wurde der Film „Das Hohelied" unter der Regie von Ruben Mamoulian nach dem Roman von Sudermann verboten. Die Parabel entzündete sich am Lobpreis Salomos auf die Braut vom Libanon: „Ich beschwöre euch, ihr Töchter Jerusalems..." Die schönste unter den Frauen zeigte 1934 ihrer Heimat nackte Schhultern und lange Beine, „kräftig wie die Beine einer Stute an dem Wagen des Pharao". Vergeblich bemühte sich Goebbels, sie mit der Hakenkreuzfahne zu umhüllen. Unter dem Schutz der amerikanischen Staatsbürgerschaft wurde die Umworbene zur militanten Antifaschistin. Verfolgten gewährte sie Hilfe. „Ich fühlte mich mitverantwortlich für den Krieg, den Hitler verursacht hatte... Ich verkaufte alle meine Juwelen und wartete auf Befehle. Es gab nicht viele Berühmtheiten, die bereit waren, die Unannehmlichkeiten des Krieges mit den Soldaten zu teilen."

Es war ein Dank an Amerika. Ihr Bekenntnis zu Deutschland legte sie als „Scharlachrote Kaiserin" ab; die gebürtige Prinzessin von Anhalt-Zerbst, mit Peter III. vermählt, posierte vor den Ikonenwänden im Zarenpalast wie in einer Berliner Wintergartenrevue, der Reifrock mit Weißfuchs verbrämt. Im Byzantinismus der Ausstattung sahen amerikanische Filmhistoriker eine Art „deutschen Expressionismus" (Homer Dickens).

Marlene Dietrichs Filme sind reines „camp", nach der Essayistin Susan Sontag, die eine Apologie der Gegen-den-Strich-Ästhetik schrieb, Kitsch um des Vergnügens willen. Einzig Lubitschs „Angel" erreicht die Spitzenqualität eleganter Unterhaltung. An den Wimpern der Diva, so hieß es, könne man Hüte aufhängen, und wer außer ihr besäße den Mut zu diesen Kleidern? Warum wurde sie nie eine große Filmkünstlerin, auch wenn ihr Pygmalion Billy Wilder hieß, de Sica, Hitchcock oder Fritz Lang?

Als die Diseuse zur Bühne zurückfand, lag die Mitte des Lebens hinter ihr, sie war eine öffentliche Figur. Kopfjäger hatten alles auf ihre Pfeile gespießt: die Begegnungen in der High Society, mit der Begum, Aga Khan, Strawinsky oder Adlai Stevenson die Affären und wechselnden Liebhaber. War nicht Hemingway dabei, Jean Gabin, ein deutscher Erfolgsschriftsteller? Als Thomas Mann seine beiden Landsleute beim Lunch im Studio der Warner Brothers traf - „Charfreitag 1939, Privat Speisesaal, feine Küche, Cigarren" - setzte er hinter „Remarque und die Dietrich" nach dem Komma nur das Wort „minderwertig". Die Nachwelt hält inne - und dankt der nun Neunzigjährigen für genossene Wonnen, selbst wenn es nur, nach den Worten des übellaunigen Diaristen, „die Wonnen der Gewöhnlichkeit" sind. Ein Hauch von Hautgout hat noch keinem Charisma geschadet.

Ursula Voß, RHEINISCHER MERKUR

Illusionen aus zweiter Hand

Ihr Name beginnt, sagte Jean Cocteau, wie ein Liebeslocken und endet wie ein Peitschenknall. Das heißt, sie fährt mit allen Männern, ob Herr oder Kutscher Schlitten. Ihr verfällt man, und sie gewinnt, wo immer die Logik der Gefühle herrscht. Drohte Gefahr, wuchs ihre erotische Attraktion mit der moralischen zusammen. Wo immer sie stand, ihr Einsatz wurde ausgezeichnet, ihr Fatalismus durch Rettung belohnt. Diese Generalstochter ist vor allem eine entschiedene Demokratin: im großen Ganzen. Im Kleinen, in ihren Filmen, stritt sie für Transparenz. Das meint nicht bloß das Licht. Das zielte auch auf Durchlässigkeit moralischer Normen, die sie spielend überwand. Wenn ihre Rollen sie oft ins Zwielicht stellten, blieb sie nicht da stehen sondern zog den Zinnober, den ihr Regisseur von Sternberg um sie baute, am Ende ins Helle, ins Freie. Das war ihr Raum.

Sie schlenderte im weiblichen Kostüm besonders weiblich durch die Räume und in Männerkleidern irritierend männlich. Das provozierte, war aber eine schmerzlose Normverletzung, die sie lächelnd vollzog. Was sie tat, verzögerte sie. Bedenkzeit für den Übergang, im Augenblick sich seiner inne werden, scheint die Triebfeder ihres Ausdrucks zu sein. Sie fing Männer ein, um sie gleichgültig wieder freizulassen Sie ist mehr als ein Vamp. Sie ist ein Tramp in ihren Rollen. Die materiellen Lüste hielten bloß, so weit das Auge reicht. Sie wohnte in ihren Kleidern, karessiert vom Licht, das auf ihr ruhte wie ein Falter.

Ihr Rätsel ist das Zwischenfach. Der Kolportage gewinnt sie Tragik ab und der Komik tragische Züge. Sie ist, was Kleist über seine Schwester schrieb, eine Amphibie zwischen den Gattungen. Fremd, spröde und anziehend, nie unberührbar wie die Garbo, als deren Gegenpol die Paramount sie aufbaute. Sie liebt es, letzte Gesten auszuspielen, als träte sie als eine Tochter des König Lear ins Studio. In „Destry Rides Again" (1939) wirft sie sich schützend vor James Stewart, dem die Kugel galt. Sterbend wischt sie sich die Schminke ab, um dem Lebewohlkuß für ihren Schützling einen Auftritt zu bereiten. In „Dishonoured" (1931) heißt sie den Leutnant, der ihre Hinrichtung befehligt, den Säbel zu heben, damit sie sich, in ihm spiegelnd, angemessen schminken kann.

Die Unverschämtheit in den kleinen Gesten gibt ihr die Energie zur Selbstbehauptung. Auch wo sie fällt, siegt sie als Märtyrerin des absoluten Gefühls, das sie sich nie durch Sex & Sentiment erkauft, sondern durch flirrende Distanz. Auf dem Boden der Realität baut sie eine zweite: sich. Schlägt sie die Augen auf, dann ist das ihre Einladung, eine Falltür zu betreten. Sie lockt nicht mit Tönen, sondern mit Farben, die ihren Rollen wie Signale eingeschrieben sind. Der blaue Engel, die rote Lola, Shanghai-Lilly oder Frenchie — das sind Splitter aus dem Reich der Sinne, in das die Dietrich, dieses fesche Schlachtroß der Begierden führt.

Das deutsche Publikum hat nie verwunden, daß sie nach Hollywood entschwand, anstatt 1933 in den Studios von Babelsberg das Fach der widerspenstig Gezähmten zu trainieren. Um die Leerstelle des Verruchten mit Mütterlichkeit zu füttern, wurde Zarah Leander importiert, und sie machte ihre Sache, die Marlenes Sache nicht war, gut. Die Filme der Dietrich blieben. Sie liefen sämtlich am Kurfürstendamm, bis die „BZ am Mittag" die erste der Hetzkampagnen lancierte die nach dem Krieg, als Marlene singend in Deutschland gastierte, kulminierten. Sie negiere den Begriff der Frau vollkommen, wetterte die „BZ" und hat, liest man das Paradox der vollkommenen Negation genau, nicht einmal unrecht. Im deutschen Film erstarrte die Frau zu einem Begriff, den Marlenes Rollen in die Möglichkeitsformen, Frau zu sein, auflösten.

Sie blieb der kollektiven Sehnsucht präsent. In einer Hans-Moser-Klamotte die sich über vermeintlich Irre mokiert, tritt eine Figur auf, die sich Marlene Dietrich nennt. Als Indiz und Insignie des Vamps hat sie einzig eine lange Zigarettenspitze und eine leicht verschleppte Sprechart. Grethe Weiser durfte, als „Göttliche Jette", die singende Dietrich, nicht einmal ungeschickt, parodieren. Und Billy Wilder, der stets auf Mesalliancen setzte, träumte frech in seinem Film „A Foreign Affair" (1848), was passiert wäre, hätte Marlene Deutschland nicht hinter sich gelassen. Hier mußte sie, die Antifaschistin, ein belastetes Naziflittchen spielen. „The Girl with the umlaut", wie ihre Konkurrentin, Kongreßabgeordnete aus Idaho, schnippisch sagt. Marlene Dietrich posiert in einer Kaschemme des zertrümmerten Berlin auf dem Flügel, Friedrich Hollaender bgleitet sie, und was bietet sie? „Illusionen, angestoßen, aus zweiter Hand gefällig?"

Andererseits sieht man eine Darstellerin, die das über sie gegossene Zwielicht charismatisch leuchten läßt, die singt und schuftet, die liebt und kämpft. Eine Frau, die sich in Habit und Haltung liebend gern verwandelt, die zielbewußt oberflächlich ist. Die Gefühl und Härte über ihr Gesicht huschen läßt und den Hochmut, der daraus spricht, mit Demut vertuscht. Die Oberfläche ist der Ort, der die geringsten Verfestigungen aufweist, sagte Kracauer, als er von der Musik Jacques Offenbachs schrieb. Wer dieser Frau nicht bloß auf die Beine schaut, nimmt wahr, wie unverfestigt dieser Mythos ist.

KARSTEN WITTE, Frankfurter Rundschau

Filmhimmel ohne blauen Engel

Selten kann man den Beginn einer einzigartigen Diva-Karriere, eines einmaligen Film-Mythos so genau an einem einzigen Film datieren wie im Fall der Marlene Dietrich: „Der blaue Engel" von 1930 machte sie mit einem Schlage zum Femme-fatale-Star der Epoche.

Das Bild, auf dem sie mit keß-schrägem Zylinder sitzt. der Blick verträumt und frech zugleich ins Imaginäre, die Beine in hochhackigen Schuhen, dunklen Seidenstrümpfen so übereinandergeschlagen, daß man das Fleisch der Oberschenkel unter den Strapsen sieht, die Lippen herzförmig grell geschminkt - dieses Bild ist eine der großen Kino-Ikonen, im kollektiven Bewußtsein der Zeit verankert wie ihre rauchige kindliche Stimme, das Timbre der Sinnlichkeit.

Und doch war das Werk Zufall, Marlene, damals 28 Jahre alt, Dreingabe, Nebensache. Emil Jannings, der in Hollywood mit Josef von Sternberg einen Stummfilm gedreht (und den allerersten Oscar als bester Schauspieler gewonnen) hatte, bat den seit Jahren zum Hollywood-Regisseur Avancierten für seinen ersten Tonfilm nach Berlin.

In Berlin ging Sternberg ins Theater. besuchte die Georg - Kaiser - Revue „Zwei Krawatten" - um sich die Stars der Aufführung, Hans Albers und Rosa Valetti, anzusehen. Er sah „das Fräulein Dietrich" und wollte sie für eine Hauptrolle. Es sollte die Hauptrolle werden - und sonst gar nichts.

Es war nicht leicht, die Unbekannte durchzusetzen. Heinrich Mann, immerhin der Autor, wollte seiner Geliebten, der Kabarettistin Trude Hesterberg, die Rolle zuschanzen. Der Drehbuchschreiber Karl Vollmoeller wiederum seiner Geliebten Ruth Landshoff. Doch Sternberg blieb beinhart, Marlene bekam die Rolle, der Endfünfziger Heinrich Mann verlor seine Freundin.

Die Dietrich spielte, sang und drehte, für ein Zehntel der Gage von Jannings und doch war sie es, die der Film mit einem Schlag an den höchsten Punkt des Filmhimmels katapultierte. Sie selbst mochte den "Blauen Engel" anfangs gar nicht: "Ich dachte, er sei schrecklich und ordinär, und die ganze Geschichte schockierte mich sehr. Denken Sie daran, ich war ein wohlerzogenes deutsches Mädchen."

Wohlerzogen blieb sie ein Leben lang. Disziplin nannte sie das, ihre preußische Tugend. Als sie alt und krank war, hat sie sich diszipliniert und klaglos aus der Öffentlichkeit zurückgezogen, der sie doch gehörte: mit ihren unverwechselbaren Liedern, Chansons, Songs, mit ihren unverwechselbaren Rollen, die zum eisernen Standard des TV-Film-Repertoires gehören: von "Marokko", ihrem ersten Hollywood-Film, noch von 1930, aus dem Jahr des "Blauen Engels", bis zur "Zeugin der Anklage" von 1958 und dem "Urteil von Nürnberg" von 1961.

Der amerikanische Sieg wurde gleich mit "Marokko" errungen. Die geheimnisumwitterte Nachtklubsängerin im heruntergekommenen Cafe, die vor Fremdenlegionären gleichzeitig unnahbar und aufreizend ihre Lieder und Beine zur Schau stellt - das war Marlene fortan.

Am Schluß sagt sie ihrem reichen Freund (Adolphe Menjou) Lebewohl, schleudert ihre hochhackigen Pumps von den Füßen und folgt ihrem armen Legionärsfreund (Gary Cooper) in die Wüste. Ein idiotisch sentimentales Happy-End, mit dem sich dennoch Zauber, Geheimnis und Wirkung der Traumfabrik definieren lassen.

Sternberg, der sie geschaffen hatte (1931 schenkte sie ihm ein Foto, auf dem sie betörend hingebungsvoll schaut, mit der Widmung: "Meinem Schöpfer von seinem Geschöpf"), mußte erleben, wie das Modell seinen modellierenden Händen entwuchs, ihn überstrahlte, überschattete, sich verselbständigte - eine zweite Galatea.

In seiner Autobiographie, die den bezeichnenden Titel "Das Blau des Engels" trägt, rächt er sich: "Alle Filmschauspieler werden in einem unglaublichen Maße manipuliert". Natürlich durch den Regisseur. "Keine Marionette in der Geschichte der Welt ist soviel Manipulationen unterworfen worden wie eine meiner Hauptdarstellerinnen, die in sieben Filmen nicht nur die eigenen Gelenke und die eigene Stimme nicht unter Kontrolle hatte, sondern ebensowenig den Ausdruck ihrer Augen und die Art ihrer Gedanken."

Die Rache des Schöpfers den das Geschöpf überflügelt. Nicht einmal ihren Namen wollte er mehr nennen.

Drei Länder, drei Kulturen können die Dietrich mit guten Gründen für sich reklamieren, in drei Metropolen hat sie als Filmkönigin residiert: in Berlin, als es die Hauptstadt der Roaring Twenties war, in Hollywood, als der Tonfilm es zur Weltmetropole formte, und in Paris, wo sie 1944 mit den siegreichen GIs einzog, in Uniform und als Sendbotin einer optimistisch neuen Zuversicht.

Panzergeneral Patton lag ihr, ungepanzert, zu Füßen. Als sie einmal gefragt wurde, ob sie mit Eisenhower geschlafen habe, sagte sie: "Wie hätte ich können? Der war doch nie an vorderster Front."

Sie jedoch war. "Aus Anstandsgefühl", so hat sie dem SPIEGEL in einem Interview (ihrem letzten) im Juni vergangenen Jahres gesagt. habe sie den Nationalsozialismus bekämpft. Einen besseren Grund als diesen moralischen Anstand, den sie stets verkörperte, könnte man nicht anführen gegen das Unanständige an sich, das sie aus Deutschland vertrieb.
Hitler, der für sie geschwärmt haben soll (man kann sich seine

Bewunderer nicht aussuchen), soll ihr mehrfach die Heimkehr ins Reich offeriert haben, mit ausgerolltem roten Teppich und Triumphzug.

Sie bot scheinheilig an, zurückkommen zu wollen. Mit Josef von Sternberg, den die Nazis als Juden haßten. Sie war ein absoluter Charakter, unnahbar, maliziös, hilfsbereit bis zur Selbstaufopferung - "eine Mutter Teresa, aber mit schöneren Beinen", wie es Billy Wilder mit seinem losen Mundwerk und seiner grenzenlosen Verehrung ausdrückt.

Als Schauspielerin war sie ein absoluter Profi, die mehr von Make-up, Beleuchtung, Wirkung verstand als die meisten ihrer Regisseure. Kein Wunder, sie war durch die Schule Sternbergs gegangen, der die Magie der Kamera aus dem Effeff beherrschte: die Schatten, die das Licht im deutschen Expressionismus erlernt hatte, die engen Winkel, die schrägen Perspektiven. Es war eine pathetische Kunst und Marlene war ihre kühle Prophetin.

Bei Lubitsch, den sie liebte und verehrte wie seinen Antipoden Sternberg, lernte sie, ihre lässige Eleganz und Ironie in Komödien einzubringen, die dem Zuschauer die Flausen über die Eindeutigkeiten menschlicher Gefühle austrieben.

In Sternbergs Filmen hat sie Hollywood etabliert, in Lubitschs Filmen ironisiert, bei Wilder satirisch zersetzt. Über das seltsame Nachkriegsverhältnis zwischen Deutschen und Amerikanern gibt kein Film besser Auskunft als "A Foreign Affair" von 1948. wo sie, wieder wie im Blauen Engel, Friedrich-Hollaender-Lieder singt: Den "Black Market" zum Beispiel besingt sie, den Schwarzen Markt, auf dem die Deutschen ihre Vergangenheit abstreiften und die Gesetze von Kapitalismus und Demokratie lernten.

Späte Bilder zeigen sie, rot angestrahlt im durchsichtigen Glitzerkleid, die Haare rötlichblond: Marlene, mit dem Mikrofon auf der Bühne. auch das ein Trademark, das Trademark des Showbiz.

Oder sie tritt in Frack und Zylinder auf, streng, dominant, herrisch, herrlich ironisch. Die Rollen, die die Gesellschaft eng um Mann und Frau gezogen hatte, hat sie stets androgyn durchbrochen. Vom ersten Auftritt an machte sie klar, daß sie alte Ordnungen über den Haufen warf, weil die nicht mehr stimmten. In ihr kündete sich eine neue Epoche an: eine Epoche voller Chaos und voller Kino.

Sie war diskret - über das von der Paramount vertraglich fixierte Schweigen hinaus, das Stars nur ein Leben im Zelluloid-Himmel zubilligte. Ihren Briefwechsel mit Hemingway, der ihre Liebeskräfte pries, hütete sie wie einen Nibelungenhort. Ihrer Tochter Maria Riva (die selbst inzwischen 67 ist) verbot sie deren Memoiren bis zu ihrem Tod letzte Woche.

Jetzt, da sie gestorben ist, darf man sagen, daß ihre totale Abkehr von der Welt keine Marotte war: obwohl der Film, der seinen Stars ewige (Leinwand-) Jugend schenkt, sie darum um so grausamer mit der Wahrheit des Alters konfrontiert.

Nein, Marlene war krank, schwer krank. Es war ihr Muskelschwund, der sie an Bett und Rollstuhl fesselte. Ihr Stolz verbot ihr, sich so der Welt zu zeigen.

Und es ging ihr schlecht. Die Großzügige hatte nichts übrig behalten. Sie hätte einen Ehrensold aus der deutschen Künstlerhilfe erhalten sollen. Das scheiterte daran, daß sie niemanden zur nötigen Unterschrift zu sich ließ.

So konnte sie nicht nach Berlin, das sie liebte (sie sagte, nach 60 Jahren, immer noch "nüscht", wenn sie "nichts" meinte) und über dessen Wiedervereinigung sie sich freute. In Berlin wollte und wird sie begraben werden - die Heimkehr des blauen Engels.

Hellmuth Karasek, SPIEGEL

Engel sterben nicht

„Blamage für Berlin!" - die markige Schlagzeile eines Boulevardblattes höhnte es den unfähigen Hauptstädtern eher schadenfroh denn bedauernd im Gesicht. Erst großspurig angekündigt, dann kleinlaut wieder abgesagt; es wurde nichts aus der offiziellen Gedenkfeier für die göttliche Marlene. Keine Hommage auf den Brettern des Deutschen Theaters, wo vor sieben Jahrzehnten bescheiden eine Karriere begann, die alsbald auf den Gipfel des Ruhms führen sollte. 'Skandal' und 'Schande' riefen erzürnt die einen, während sich die anderen hämisch ins Fäustchen lachten. Ärger mit dem Vaterland noch über den Tod hinaus ...

Mag sein, den gescholtenen Senatsbeamten fehlte das Gespür für die rechten Töne und das Format für die ambitionierte Ehrung. Wie aber hätte sie ausgesehen? Die meisten von Marlenes Weggefährten leben nicht mehr, etliche sind hochbetagt, scheuten aus Amerika oder von anderswo den weiten Weg. Manche freilich hatten sich nur allzugern selbst inszeniert und einen Schimmer fremden Glanzes auf sich abstrahlen lassen. So blieb es, den Wunsch der Familie respektierend, bei einer nahezu intimen Beisetzung mit schlichten Abschiedsworten und dem anschließenden Defilee Tausender Berliner. Einige wenige Prominente erwiesen ihr die letzte Ehre: Hildegard Knef, Horst Buchholz, Maximilian Schell. Es war ein Abschied in Würde, kein voyeuristisches Medienspektakel.

Besser als jede eilig-pompöse Show ist zweifellos das Gedenken über den Tag der Trauer hinaus. Das Nachsinnen über die zeitlose Wirkung einer unvergleichlichen Künstlerin, über alte und neue Facetten der Legende eines Weltstars aus Deutschland. „Was fangen wir an mit ihrem Vermächtnis?", fragte Thomas Langhoff, Intendant des Deutschen Theaters. Immer sei sie Weltbürgerin gewesen, immer auch

Berlinerin aber immer eine Nummer zu groß für uns. Für verblüffende Wendungen jedenfalls war sie gut bis zuletzt. Selbst Maximilian Schell zeigte sich überrascht von Marlenes Wunsch, in ihrer Heimatstadt beerdigt zu sein.

Vieles scheint nach wie vor disparat an ihrem Bilde, androgyn wie die Erscheinung auch das Wesen. Wandelbar und geheimnisvoll, entrückter Mythos und naher Mensch. Schönheit, Intelligenz und Magie schufen ein Wunder für den Olymp des Kinos - einzigartig und ewiglich. Am beeindruckendsten wohl - in einem erbarmungslos öffentlichen Geschäft - die innere Stärke und tapfere Konsequenz einer Frau, der moralische Werte mehr galten als Blendung und Kommerz. Deutsche Tugenden, französischer Esprit amerikanisches Kalkül verschmolzen zu einer Legierung, rein und funkelnd wie ein Edelstein. Als die Pariser von ihr Abschied nahmen, lag die Trikolore auf dem Katafalk, auf dem Flug nach Deutschland wechselte sie mit dem Sternenbanner; auf dem Friedhof schließlich bedeckte die Berliner Flagge den Sarg. Von keinem zu vereinnahmen, doch allen gehörend, die ihr Zeichen verstehen wollen. Noch immer das ist das Spannende und Faszinierende an ihr, eignet der Erinnerung an Marlene mehr als nur schwärmerische Kraft. Auch wenn man scheinbar nichts Neues mehr zu entdecken vermeint, wird man dennoch fündig.
Die Knotenpunkte ihrer Erfolgsstrecke sind rasch markiert, sie gehören - was selten ist beim Film - längst zum Kulturgut. Ein kurzer Weg von der pummelig-koketten Verführerin im Tingeltangel-Dreß zum makellos gestylten, sündhaft-lasziven Vamp mit Pelzstola und Federboa. Aufreizend die rauchig-träge Altstimme, die lässige Haltung, die betörend-gesenkten Augenlider. Joseph von Sternberg, das Genie, hat sie nach seinem Entwurfe erschaffen und ins vollkommene Licht gesetzt. Sie hat sich ihm unterworfen, weil ihr Hirn es so riet, und sie hat sich gelöst vom Meister aus dem gleichen Impuls.

Etliche ihrer Filme sind Klassiker, viele lediglich Mittelmaß, denen sie allein zu bleibender Beachtung verhalf. Die Rolle ihres Lebens schwankt zwischen Unschuld und Laster, ein Paradoxon aus preußisch-protestantischer Soldatin und veredelter Sinnlichkeit von blauem Engel und blonder Venus. Als Ikone Hollywoods, der Glamour durchaus lieb und teuer war, zog sie aus Überzeugung und Verantwortung die US Uniform an und stellte sich in den Dienst gegen die Nazis. Kein Widerspruch, sondern Charakteristikum.

An ihrer Seite, als Partner und Geliebte, stets berühmte Männer, in erfüllter oder verweigerter, stürmischer oder gebändigter Leidenschaft: von Sternberg, Remarque, Hemingway, Gabin ... Marlene hat Tiefpunkte überwunden und spät einen zweiten Anfang gewagt. Bejubelter als ihre Auftritte im Film vielleicht jene als Sängerin auf den Konzertpodien der Welt. Wem bei „Sag mir, wo die Blumen sind" keine Schauer über den Rücken rieseln, der hat kein Gefühl im Leibe. Marlenes Aura wirkte auch dann noch, als sie sich schnell und definitiv zurückzog, um fortan ihren Mythos zu pflegen.

Nun ist sie - „mit sauberen Händen und ohne große Worte" - vor den Tod getreten. Ein Abschied ohne Tragik; auf der Kranzschleife der Europäischen Filmakademie stand die Gewißheit zu lesen:
Angels don't die - Engel sterben nicht.

Who is Who Magazin Nr.2/1992

Der Mythos eines wunderbaren Gesichtes

Ein Mensch kann sterben, ein Mythos nicht. Niemand wußte das besser als Marlene Dietrich, die gestern nachmittag in Paris gestorben ist.

Um ihren Mythos nicht zu gefährden, hatte sie sich jahrelang von der Öffentlichkeit völlig abgekapselt. Selbst enge Freunde wie Billy Wilder sprach sie nur noch am Telefon. Noch vor wenigen Wochen erzählte Wilder, wie er bei einem Zwischenstopp in Paris Marlene angerufen habe, um sich mit ihr zu verabreden. Erfreut sagte sie zu und versprach, für ihn zu kochen. Im letzten Moment kam die Absage. Sie müsse dringend weg. Jeder wußte, daß sie nicht mehr ausging, nur ihre Freunde wußten, daß es ihr schlecht ging, auch finanziell. Und doch wollte sie von keinem etwas annehmen. Darin war sie die preußische Generalstochter geblieben, als die sie am 27. Dezember 1901 geboren worden war.

Ihr Lebensweg ist längst Legende. Als Absolventin des Max-Reinhardt-Seminars ging die junge Schauspielerin erst zum Theater, wo sie in einigen Revuen mitwirkte. Schon früh wurde ihr eine große Zukunft vorausgesagt. Eine ihrer damaligen Kolleginnen, Ruth Albu, erinnert sich, daß ihr schon beim ersten Zusammentreffen mit „der Dietrich" ein Regisseur prophezeite: »Diese Frau wird einmal der größte deutsche Star.« Er sollte recht behalten.

Wie Marlene Dietrich an die Hauptrolle im „Blauen Engel", dem ersten deutschen Tonfilm, kam, darüber gibt es Dutzende von Geschichten. Fast jeder, der an dem Film beteiligt war, wollte sie „entdeckt" haben - selbst Emil Jannings, der den „Professor Unrat" spielte und von dem mehrere Quellen wissen, daß er über den Vorschlag, die Dietrich zu nehmen, wenig begeistert war: Er hatte Angst, sie würde ihn an die Wand spielen.

Das tat sie denn auch. Regisseur des Films war Joseph von Sternberg. Die Musik schrieb Friedrich Hollaender. Beide Namen sollten die Karriere Marlene Dietrichs begleiten. Sternberg nahm sie mit nach Hollywood, wo er sie ganz und gar „umstylte" wie man heute sagen würde. Wer den „Blauen Engel" sieht und mit den wenige Jahre später entstandenen amerikanischen Filmen vergleicht, sieht, wie dramatisch der Unterschied ist. Sternberg erst machte aus der erotischen und ein wenig derben Nachtclub-Sängerin jene Leinwandgöttin, hinter deren Gesicht stets ein Geheimnis, etwas Ungreifbares sich verbarg.

Sternbergs amerikanische Filme mit Marlene Dietrich sind ihre schönsten geblieben. Niemals hat ein anderer Regisseur es so verstanden, dieses Gesicht auszuleuchten. Die hohen Wangenknochen, die leichte Schlagschatten auf die Wangen warfen, die glänzenden Augen unter den langen Wimpern meist halbgesenkter Lider, die exquisiten Hüte und Schleier, die das Licht fingen, das alles machte ihren Mythos aus, über den man die meist banalen Storys der Filme fast vergaß. Man wartete stets nur auf die nächste Großaufnahme dieses Gesichtes.

Daran hat sich auch nach bald sechzig Jahren nichts geändert: Wer „Die scharlachrote Kaiserin" (1934) sieht, das Meisterwerk von Sternberg/ Dietrich, wird der Faszination des Mythos erliegen. Später, bei Dreharbeiten mit einem anderen Regisseur, soll die Dietrich einmal geseufzt haben: „Wo bist du, Joe?" Ein bloßes Sexsymbol ist sie in diesen Filmen nicht gewesen, vielleicht eine Göttin, bestimmt aber ein Engel.

Nicht zu Unrecht nannte Ernst Lubitsch sie so in seinem gleichnamigen Film, der 1937 herauskam und die Dietrich in einer Gesellschaftskomödie ohne mythologischen Hintergrund vorführt. Auch auf diesem Feld schlug sie sich prächtig. Und ganz handfest schlug sie sich dann mit Una O'Connor 1939 in „Destry Rides Again" (Der große Bluff), ihrem ersten Western mit der wunderbaren Musik von Hollaender.

1939 nahm sie die amerikanische Staatsbürgerschaft an, ins Nazi-Deutschland wollte sie nicht zurück, obwohl ihr mehrfach goldene Brücken gebaut wurden. Mit einem Hitler hatte Marlene Dietrich nichts gemein. In diesen Jahren opferte sie viel Zeit für die Betreuung der amerikanischen Truppen, sie sang in Uniform vor Soldaten und hielt Ansprachen im Rundfunk. Für viele Emigranten aus Deutschland war sie der rettende Engel, indem sie mit Geld half oder Bürgschaften abgab. Später hat sie diese Episode ihres Lebens als die wichtigste bezeichnet.

Nach dem Krieg nahm sie die Filmarbeit wieder auf. Mit Billy Wilder drehte sie „A Foreign Affair" (Eine auswärtige Affäre), einen Film, der in den Trümmern Berlins spielt. Marlene allerdings ging nicht mit nach Berlin, alle ihre Szenen entstanden in Hollywood im Studio. Es folgten „Zeugin der Anklage" mit Charles Laughton, wieder unter der Regie von Billy Wilder, der längst ein enger Freund geworden war, und „Im Zeichen des Bösen" von und mit Orson Welles, der sie noch einmal meisterhaft in Szene zu setzen verstand.

Doch die große Zeit des Kinos und seiner Stars war vorbei. Marlene erkannte dies und wechselte das Metier. 1960 kam sie für ein paar Auftritte als Sängerin nach Deutschland zurück. Der Empfang war nicht gerade herzlich, üble Flugblätter gegen die „Vaterlandsverräterin" wurden verteilt, es kam zu Demonstrationen. Doch schließlich wurde die Tournee ein Riesenerfolg. Marlene setzte sich auch als Sängerin durch, ihr Song „Sag mir, wo die Blumen sind", zu dem ihr alter Freund Max Colpet den deutschen Text verfaßt hatte, brachte ihr einen Welterfolg.

Bis 1975 tourte die ewigjunge Diva im hautengen Glitzerkleid durch die Welt, meist begleitet von ihrem Pianisten/Komponisten/Arrangeur Burt Bacharach. Dann brach sie sich in Australien ein Bein, und die Karriere war zu Ende. Sie zog sich nach Paris zurück, wo sie eine Wohnung in der Avenue Montaigne 12 mietete, las Gedichte, zumeist von Rilke, schrieb Memoiren, die nicht immer die ganze Wahrheit verrieten, und trat nur noch einmal aus rein finanziellen Gründen kurz in einem grauenhaften Film mit David Bowie auf. Dieselben Gründe bewegten sie zu einem Interview-Film mit Maximilian Schell, in welchem sie allerdings nicht selbst zu sehen war.

Was bleibt? Der Mythos eines wunderbaren Gesichts, eine tiefe, leicht rauchige Stimme zwischen Schmerz und Fröhlichkeit. Das gewiß. Vielleicht noch etwas: Eine unbeugsame Haltung auf einem sehr eigenen, sehr gefährdeten Weg durch dieses Jahrhundert, eine Haltung, die ihren preußischen Ursprung nie verleugnete und doch immer ganz und gar human war. Jean Cocteau hat das erfaßt: „Sie, deren Name wie eine Zärtlichkeit beginnt und wie ein Peitschenschlag aufhört: Marlene ... Dietrich."

Georg Altenrepen, General-Anzeiger, Bonn

Marlene - und sonst gar nichts

Sie wurde angeharft und angehimmelt, angedichtet und angespien. Sie wurde geliebt und gehaßt, gefürchtet und mit dünnen Lippen belächelt. Sie war der Vamp des 20. Jahrhunderts. Eine Ikone, ein Mythos: Marlene.

Die Beinfetischisten hatten sie, seit sie als Fräulein Lola-Lola im Dunst der Hafenkaschemme zum „Blauen Engel" auf der Tonne hockte und ihre endlos langen Beine baumeln ließ, zu ihrer Göttin erkoren. Mit diesen Beinen marschierte die preußische Offizierstochter (Marie Magdalene Dietrich mit bürgerlichem Namen) zielstrebig auf den Filmruhm los. Und sie hat von diesem Ruhm mehr erhalten als die meisten ihrer Mitstreiterinnen. Marlene Dietrich war ein Sexsymbol, noch ehe die Schönen auf der Leinwand alles aus sich herausholten, um im gnadenlosen Konkurrenzkampf Hollywoods bestehen zu können. Das hatte Marlene nicht nötig. Das Äußerste, das sie preisgab, waren ein paar Strapse und ein paar Schenkel. Bei deren Anblick allerdings verschlug es den Männern den Atem.

Hochversichert aber, wie immer wieder behauptet wurde, hat sie ihre kostbaren Beine nicht. „Ich wünschte, ich hätte es getan", sagte sie einmal.
„Ich brach sie und habe nie einen Pfennig dafür bekommen. Trotzdem die schönsten Beine der Welt zu haben, das war ein hübsches Kompliment. Mehr aber auch nicht"

Genau besehen war Marlene Dietrich ein „missing link" - eine Übergangsform von der edlen, doch anämischen Erotik der göttlichen Garbo zu den prallen Sexbomben der Nachkriegsjahre a la Sophia Loren, Brigitte Bardot und Marilyn Monroe, die alles in die Auslagen legten, was sie im Laden hatten.

Marlene sah auf die Klimmzüge ihrer Rivalinnen nur mit einem müden Lächeln von ihrem Thron herab. Sie konnte unheimlich träge und gelangweilt unter ihren wunderschönen Wimpern hervorgucken. Aber ein einziger Fächerschlag mit diesen Wimpern kippte ihre Fans reihenweise aus den Kinosesseln.

Sie verkörperte einen Typ Frau, der heute ausgestorben ist: die „femme fatale". „Heute", meinte sie, „gibt es nur noch Mädchen, die gleich ins Bett hopsen und in psychiatrischen Stationen oder anderen Asylen enden, wo sie sich dann beklagen, daß sie wie Schafe behandelt werden, was sie meiner Meinung nach auch nicht verdienen. Aber sie tragen gewiß ihr Teil bei, um diesen traurigen Zustand zu erreichen". Den Begriff „femme fatale" definiert sie so: „Eine erwachsene Frau von einem gewissen Rang, einer gewissen Weisheit, einer gewissen Kenntnis der Welt, in der sie lebt. Eine Frau, die ihre Lebenserfahrungen zu ihrem Vorteil zu nutzen weiß. Eine gewöhnliche Dirne oder ein Flittchen weiß das nicht. Ich hoffe, das erklärt den Unterschied."

Marlene konnte unglaublich schön sein und unerträglich sentimental, kess, kaltschnäuzig, mondän, durchtrieben, pathetisch, geistsprühend oder glukkig, eine liebenswürdige Gastgeberin und eine haarige Verhandlungspartnerin.

Sie war ein Arbeitspferd. Die preußische Disziplin steckte ihr im Blut. Immer pünktlich am Set. Nichts überließ sie dem Zufall. Kein Detail. Darin war sie Profi durch und durch. Dilettantismus, Schlamperei und leere Geschwätzigkeit waren ihr ein Greuel.

Der Ruhm war ihr nicht geschenkt worden. Es gab Zeiten, da galt ihr Name in Amerika als Kassenkiller. Sie hat sich immer wieder an die Spitze vorgearbeitet. Und sie hat es immer wieder geschafft. Allen Feindinnen und Freundinnen zum Trotz.

Max Reinhardts Berliner Talenteschmiede gab ihr den ersten Schliff. Als Joseph von Sternberg sie gegen den Willen von Heinrich Mann, der lieber eine Freundin Trude Hesterberg in der Lola-Lola-Rolle gesehen hätte, zum Star des Films „Der blaue Engel" (nach Heinrich Manns Roman „Professor Unrat«) machte, war sie auf Berlins Bühnen schon eine Attraktion. Besonders seit ihrem Auftritt in Georg Kaisers Revue „Zwei Krawatten" an der Seite von Hans Albers - klopften ihr die Herzen der Berliner heftig entgegen.

1930 war die Dietrich dem Ruf Joseph von Sternbergs nach Amerika gefolgt. Mit ihrem Arbeitseifer und ihrer Scheuerwut setzte sie schon bald ganz Hollywood in Erstaunen und Schrecken. „Da ich nun mal Deutsche bin", sagte sie, „brauche ich ein sauberes Haus, eine saubere Küche und ein sauberes Gewissen, bevor ich schlafen gehe".

Im Gegensatz zu den meisten ihrer deutschen Kollegen hat sie sich dieses reine Gewissen auch in den Jahren der Nazi-Herrschaft bewahrt. Alle Versuche Hitlers, den Weltstar vor den eigenen Karren zu spannen, sie nach Berlin zurückzulocken, scheiterten am entschiedenen Nein der langbeinigen Lady. Sie hielt zu ihren Freunden, war zu keinem Kompromiß mit den braunen Barbaren bereit. Gerade diesen Beweis von Charakterstärke haben ihr, als der Krieg endlich zu Ende war und Marlene zum erstenmal wieder in ihre Geburtsstadt kam, viele ihrer Landsleute krummgenommen. Sie wurde wüst beschimpft. Wer sich exponiert wie sie, der wird nicht nur mehr geliebt als andere, er wird auch mehr gehaßt. So ist das nun einmal.

In Hollywood wurde das lebende Kunstwerk Marlene Dietrich kreiert: „Marokko", „Shanghai Express", „The Devil is a Woman", „Die blonde Venus" - Schleier, Schatten, mondäne Kleider und immer dieser halbschläfrige Blick. „Do you have a cigarette?" - Das klang bei ihr wie eine letzte Aufforderung. Leidenschaft in Aspik. Dann „Der große Bluff", wo die Dietrich mit einem Schlag wieder alles Artifizielle abwirft und sich derb und saftig in den Saloons rumprügelt. Sie drehte mit Regisseuren wie Fritz Lang, Orson Welles, Rene Claire, Alfred Hitchcock, Billy Wilder und Stanley Kramer. Zwei Höhepunkte in ihrer an Höhepunkten reichen Karriere waren ihre Rollen in „Zeugin der Anklage" und „Das Urteil von Nürnberg".

In den 60er Jahren ging Marlene Dietrich mit ihren Chansons auf Tournee. Die Lieder „Johnny, wenn du Geburtstag hast", „Sag mir, wo die Blumen sind" und „Die Antwort weiß ganz allein der Wind", von ihr mit unnachahmlicher Stimme gesungen, gingen mit ihr um die Welt. Natürlich auch immer wieder das Lied, mit dem ihre Weltkarriere begonnen hatte: „Ich bin von Kopf bis Fuß auf Liebe eingestellt". Mit dem Programm gastierte sie auch hinter dem „Eisernen Vorhang" in Warschau und Moskau.

1982 drehte Maximilian Schell über sie einen Dokumentarfilm, in dem die alte Dame zwar nicht mehr zu sehen war, aber vor dem Mikrofon mit viel Selbstironie über ihr Leben und ihre Arbeit Auskunft gab.

Die wiedergewonnene deutsche Einheit hatte sie am 3. Oktober 1990 gegenüber einer Pariser Zeitung mit den Worten kommentiert: „Natürlich bin ich glücklich". Kurze Zeit später setzte sie sich für den Fortbestand des traditionsreichen DEFA-Filmgeländes in Potsdam-Babelsberg ein.
Ihr zu Ehren wurde am 1. Dezember 1991 anläßlich der Verleihung des Europäischen Filmpreises die große Atelierhalle in Marlene-Dietrich-Halle umbenannt.

„Marlene Dietrich hatte eine ungeheure Klasse. Sie gehört zu den zehn Schauspielerinnen, die man nicht vergißt", sagte der französische Alt-Regisseur Marcel Carne (85), als er vom Tod des Stars erfuhr. Schon eine halbe Stunde nach dem Bekanntwerden war das großbürgerliche Haus nahe den Champs Elysees, in dem die Unvergessene und

Unvergeßliche in einer Zweizimmerwohnung lebte, von Menschen umlagert. In dieser Wohnung hatte die Schauspielerin und Sängerin in ihren letzten Lebensjahren zurückgezogen gelebt und am 27. Dezember vergangenen Jahres auch in aller Stille ihren 90. Geburtstag gefeiert.

Enkel Pierre Riva gab den Tod der Diva mit den Worten bekannt: „Marie Magdalene Dietrich ist an einem schönen Frühlingstag in Paris gestorben. Sie starb auf dem Sofa in ihrer Wohnung liegend. An den Wänden hingen die Bilder ihrer Freunde."

Marlene Dietrich bleibt einmalig in des Wortes wahrster Bedeutung. Eine Persönlichkeit, wie sie rar geworden sind auf unserem Erdball. Ein Original. Kopien gab es und gibt es viele von ihr. Aber was ist schon eine Kopie? Nur das Original zählt - und sonst gar nichts.

Mathes Rehder, Hamburger Abendblatt

Das rätselhafte Wunschbild

Die angerauhte Stimme, mit der sie sang: „Ich bin von Kopf bis Fuß auf Liebe eingestellt". Der Blick, scharf, kühl und ausdauernd unter langen Wimpern. Die Beine, schier endlos und in einer Zeit Männerphantasien beflügelnd, in der man sich von diesem Wort noch nichts träumen ließ. Die burschikose Geste - Hand in die Hüfte gestützt -, mit der sie eben jenen Männern gerne begegnete, deren Begehrlichkeit sie geweckt hatte, sich darbietend und zugleich verteidigend. Die gespielte Hilflosigkeit, hinter der sich doch Stärke verbarg, die Kraft einer Frau, die weiß, was sie will und wie dies durchzusetzen ist.

Die Nüchternheit, mit der sie als Lola-Lola im Film „Der blaue Engel" dem ihr verfallenen Schulprofessor Emil Jannings begegnet, nicht einmal verrucht, sondern einfach als Profi des Geschäfts mit den Regungen anderer. Die wütende Attacke, mit der sie in Billy Wilders „Zeugin der Anklage" - rund siebzehn Jahre später - ihre scheußliche Gesichtsnarbe zeigt, die Narbe der Heldin im Film natürlich. Und nochmals die Stimme, die nun voller geworden ist, trainierter, vom Rauhen zum Rauchigen verändert, wie sie singt: „Sag mir, wo die Blumen sind".

Solche Erinnerungssplitter tauchen auf, wenn man sich das Bild der Marlene Dietrich heraufzubeschwören sucht. Aber sie sind subjektiv, anderen werden ganz andere Eindrücke begegnen, und das hängt mit der Eigenart Marlene Dietrichs zusammen, die gestern nachmittag, neunzig Jahre alt, in Paris gestorben ist, wo sie viele Jahre in absoluter Zurückgezogenheit verbracht hat. Diese Schauspielerin, die gerne und mit Recht als Mythos oder Legende bezeichnet wird, war der berühmteste Weltstar, den Deutschland dem Film gegeben hat.
Aber sie war mehr, nämlich eine Inkarnation dessen, was der Film machen kann aus dem realen Menschen: ein Wunschbild (das auch

Ängste wecken kann), ein Rätsel (zugleich anziehend und schrecklich fremd), ein Idol (in welches das Publikum seine Vorstellung, zum Beispiel von der Frau, hineinprojizieren kann).

Was immer die Dietrich spielte, wie immer sie sich gab - sicherer Besitz für unser Gefühl wurde sie nie. Vielmehr war um sie die Aura des Zwielichtigen, gleichgültig, ob sie als Lola-Lola auf dem Faß saß und das Knie reckte, mit Matrosenmütze und Schifferklavier hantierte oder, in späteren Jahren, mit Glitzergewand und Stola ihre Chansons vortrug. Sie war ungreifbar, in gewisser Weise auch unangreifbar.

Sie gehörte, weder als Frau noch als Figur in ihren Filmen, niemandem. Nur eine Fußnote dazu ist die Tatsache, daß sie sich von ihrem Mann Rudolf Sieber (der 1976 starb) schon Ende der 30er Jahre trennte, jedoch sich nicht scheiden ließ. Ihre Tochter Maria, ja, die interessierte sie (und gestern war es ihr Enkel Pierre Riva, der in Paris mitteilte, Marlene Dietrich sei „am Vortag des Festivals von Cannes, umgeben von Fotos ihrer Freunde und in ihrem Salon ruhend" gestorben.

Der Mann, der sie „gemacht", der sie über sich selbst hinausgehoben hat, war der Regisseur Joseph von Sternberg. Er hat die 1901 in Berlin-Schöneberg geborene Tochter eines Polizeileutnants nicht „entdeckt" denn sie spielte, nach der Lehrzeit an Max Reinhardts Schauspielschule, schon vor 1922 kleine Rollen auf Berliner Bühnen und in einigen Filmen. Doch „Der blaue Engel" (nach Heinrich Manns „Professor Unrat"), diese Studie in betörender Kälte, begründete schlagartig ihren Ruhm. „Ich bin von Kopf bis Fuß" erklang bald auch in Amerika, wohin Sternberg die Dietrich holte.

Mit ihr hat er in Hollywood Filme gedreht, die in ihrer grandiosen Künstlichkeit die Meisterschaft Sternbergs und die Formbarkeit der Marlene Dietrich wahrhaft vorführen. „Marokko" (1930, mit Gary Cooper als Fremdenlegionär), „Shanghai Express", „Die blonde Venus" (beide 1932): Da wird Marlene, in jeder Szene mit unheimlicher Sicherheit an- und ausgeleuchtet, zum Kunstprodukt, mythisch gesteigert zu einer Art schönen Helena des 20. Jahrhunderts.

Viele andere Regisseure haben davon profitiert: von Ernst Lubitsch, der 1937 „Engel" mit ihr drehte, bis zu Orson Welles, an dessen noch heute herausforderndem Film „Im Zeichen des Bösen" (1958) sie beteiligt war, von Billy Wilder, bei dem sie im Berlin-Film „A Foreign Affair" (1947) und in der bitteren Kriegserinnerung „Zeugin der Anklage" (1958) mitwirkte, bis zu George Marshall, dem Meister der Western-Komödie (Der große Bluff, 1939).

Auch das muß man gesehen haben von Marlene Dietrich: wie sie im »Bluff" eine ungeheure Prügelei mit einer Konkurrentin anzettelte, wie sie geradezu grausam komisch sein konnte. Marlene, die Wehrhafte, ist das in einer für sie eher ungewöhnlichen Situation. Im wirklichen Leben war sie damals sehr ernst. Sie war amerikanische Staatsbürgerin geworden, nahm scharf gegen Nazi-Deutschland Stellung, unterstützte deutsche Emigranten, zog als Truppenbetreuerin Richtung Front, sang, sprach US-Soldaten Mut zu.

Im dokumentarischen Film „Marlene", den der Schauspieler und Regisseur Maximilian Schell 1982/83 zusammenfügte, kann man davon Dokumente sehen, die Dietrich auch hier wieder als Objekt der Begierde und Begeisterung, hinreißend und, wenn die Bilder nicht täuschen, auch selbst hingerissen von der Aufgabe, die sie sich gestellt hat, und von der Atmosphäre, in die sie eingetaucht ist. Von da scheint eine gerade Linie zu führen zu ihrer zweiten großen Karriere, der als Show-Star und Chansonsängerin, in der sie gigantische Erfolge feierte von Las Vegas (wo sie 1953 begann) bis Moskau (wo sie 1964 offenbar unendlichen Beifall erntete)Dabei kam ihr zugute, daß sie ihr Alter - um drei Jahre „verjüngte" sie sich - dank schlanker Figur und phantastischer Selbstdarstellungskunst lässig verschleiern konnte.

Damals war auch in der Bundesrepublik viel von ihr die Rede. Als jugendliche Großmutter wurde sie (nicht nur) in den Boulevardblättern immer wieder beschrieben, von ihren hochversicherten Beinen wurde gerne geplaudert, und 1960 trat sie erstmals seit ihren frühen Hollywood-Engagements in Deutschland auf, wobei die Spannungen nicht überwunden wurden man weiß, wie schwer es Emigranten, zu denen Marlene Dietrich nur indirekt zählte, in den Nachkriegsjahrzehnten gemacht wurde.

1975, in Sydney, erlitt sie einen Schenkelhalsbruch. Danach spielte sie nur noch eine einzige kleine Filmrolle, und von 1979 an blieb sie vollends in der selbstgewählten Abgeschiedenheit ihrer Pariser Wohnung: keine Öffentlichkeit mehr, keine Fototermine (nachdem sie jahrzehntelang die berühmtesten Fotografen inspiriert hatte), keine Interviews. Der Star suchte wohl sich selbst hinter dem facettenreichen Wunderbild, welches das Kino entworfen und verbreitet hatte von Marlene Dietrich, der Berlinerin in Hollywood.
Es war eine Sensation, als Maximilian Schell für seinen Film ein langes Interview aufnehmen konnte, in dem Marlene aus ihrem Leben erzählte. Aber kein aktuelles Bild wurde ihm zugestanden. „Marlene" zeigt nur Filmausschnitte, Fotos, Dokumente von einst. In ihren allerletzten Jahren meldete sich Marlene Dietrich noch einige Male zu Wort, nahm Stellung zur politischen Situation, zu ihren Erlebnissen (aus Anlaß des 90. Geburtstags im Dezember 1991). Auch die Zukunft des Filmgeländes zu Babelsberg, wo „Der blaue Engel" entstand, lag ihr am Herzen.

Nichts freilich unternahm sie, um weniger rätselhaft zu erscheinen, als sie uns aus ihren Filmen entgegentritt. Aber vielleicht gerade deshalb werden die Figuren, die sie fürs Kino spielte, uns weiter beschäftigen.

Rainer Hartmann, Kölner Stadt-Anzeiger

Ihre Heimat Berlin hat Marlene immer tief in ihrem Herzen behalten

Sie konnte - wie kaum eine andere und egal, ob im Film, auf der Bühne oder auf einer Party - auf die großartigste Weise gar nichts machen. Das war eigentlich ihr ganzes Geheimnis. Seit mehr als einem halben Jahrhundert ist es vollkommen ausreichend, nur ihren Vornamen zu nennen, um Träume, Sehnsüchte und Begierden abzurufen - und dennoch wird nie ein Irrtum aufgetaucht sein, von wem die Rede ist. Denn wie kaum eine andere Persönlichkeit dieses Jahrhunderts hat sie dieses mitgeprägt und ist dennoch ein ewiges Mirakel geblieben, ein ewiges Wunder, das mit leicht ironisch-rauchiger Stimme und einer Handvoll lässiger Handbewegungen den Ruhm der Jahrzehnte durchschreitet.

Seit mehr als einem Jahrzehnt, nach dem Bühnenunfall in Australien, lebte sie in Paris. Sie hat fast alle ihre Freunde überlebt. Auch ihren Ehemann Rudolf Sieber, mit dem sie bis zu seinem Tode verheiratet blieb. Andere ließ sie kaum mehr vor.

Manchmal rief sie an. Freunde, Bekannte, ehemalige Kollegen. Egal, zu welcher Tageszeit. Regelmäßig ließ sie ihre Telefonnummer ändern, die sie nur an engste Vertraute weitergab. Sie wollte so in Erinnerung bleiben, wie die Welt sie kennt, liebt und verehrt. Es hieß, sie sei vereinsamt gewesen. Sie dementierte. Immer wieder ließ sie wissen, wie sie gerade erst aus New York, Tokio oder aus der Schweiz zurückkehrt. Widersprechen tat ihr niemand. Sie holte sich die Welt in ihre Wohnung an der luxuriösen Avenue Montaigne.
Sie las viel - Bücher, Zeitschriften und Briefe, die sie postwendend beantwortete. Vor allem, wenn sie aus Berlin kamen, denn was immer

auch über sie behauptet wurde - sie hatte Berlin tief in ihrem Herzen behalten, auch wenn sie nach 1929 nie mehr in ihrer Heimatstadt gelebt hat und nur zweimal zu Besuch war. Einmal inkognito in amerikanischer Uniform, um ihre Mutter zu beerdigen, ein anderes Mal zu einem Konzert-Gastspiel.

Wer da sagt, sie habe sich von ihrer Heimat losgesagt, der irrt. Sie blieb deutsch bis ins Mark. Ihre Freundestreue war eisern und unbeirrt, und Berlin blieb sie verbunden - wenn auch nur aus der Distanz. Es gab für sie kaum eine größere Freude als Christ-Stollen aus ihrer Geburtsstadt, Harzer Käse oder Schusterjungen. Frankfurter Würstchen standen ebenso hoch im Kurs. Über Freßpakete dieser Art konnte sie sich wie ein kleines Mädchen über eine neue Puppe freuen.

Von Berlin aus eroberte sie 1929 die Welt. Es ist mehr als ein halbes Jahrhundert her, seit sie singend auf einer Tonne saß, die Beine keß übereinandergeschlagen, und davon sang, daß sie von Kopf bis Fuß auf Liebe eingestellt sei. Genauso lange ist es her, daß sie im weißen Herrenanzug mit schwarzer Krawatte und einer Baskenmütze auf dem Kopf die Modegesetze der Zeit auf den Kopf stellte.

Im Film war sie als kühle Ikone angelegt, eine wunderschöne Maske, durchgestylt von Joseph von Sternberg, dem Regisseur von „Der Blaue Engel", ihrem ersten Welterfolg. Dabei ist die Marlene Dietrich, die es ja eigentlich erst danach gab, in diesem Film noch kaum zu erkennen. Das Wunder Marlene schuf Sternberg erst 1930 in Hollywood, als man ihr brünettes Kraushaar auf glattblond färbte, ihr die Augenbrauen rasierte, sie auf Diät setzte und aus ihr die sinnlich-lockende Sphinx machte, die zur Inkarnation von Sünde und Glamour wurde.

Die private Marlene war weit entfernt von dieser Starpostkarte. Sie war stets treuer Kumpel ihrer Freunde, hatte immer Koch- und Medikamenten-Rezepte parat, hat so manche Emigranten in der Fremde tatkräftig unterstützt und wurde amerikanische Staatsbürgerin, nachdem Hitler und Goebbels sie vergeblich zur Rückkehr aufgefordert hatten.

Und dort begann auch das deutsche Mißverständnis „Marlene". Ihr wurde in ihrer Heimat vorgeworfen, daß sie - als US-Bürgerin - im Zweiten Weltkrieg US-Truppen betreute, daß sie nach 1945 nicht reumütig zurückkehrte. Als sie 1960 in Deutschland gastierte, kam es zu Protesten gegen sie. Seitdem ist sie nie mehr zurückgekehrt.

Die Liste ihrer Leinwand-Erfolge ist endlos fesche Lola, undurchsichtige Shanghai-Lily, couragierte Western-Dame. Am besten war Marlene Dietrich bei Billy Wilder, der ihr Image auch zu ironisieren verstand - in „Zeugin der Anklage" oder in seiner Nachkriegskomödie „Eine auswärtige Affäre" in der Marlene eine undurchsichtige Sängerin in den Ruinen Berlins spielt.

Billy Wilder brachte ihre Persönlichkeit auch auf einen ganz persönlichen Punkt: „Ihr seine Schwierigkeiten zu beichten, ist besser, als wenn man zum Psychoanalytiker geht. Sie ist schlau, weise und hilfsbereit. Und dabei hat sie die romantische Unreife eines 16jährigen Backfisches. Sie ist eine unheilbar romantische Seele. Das ist das Geheimnis ihres Aussehens und ihres Wesens."

Marlene selbst hat sich jedoch - wenn auch wohl unwissend - am besten in einem Lied von Friedrich Hollaender porträtiert: „Ich weiß nicht, zu wem ich gehöre, ich glaub' ich gehöre nur mir ganz allein" ... Zumindest hat sie nach diesem Motto gelebt. Bis in die Gegenwart.

Bernd Lubowski, Berliner Morgenpost

Nicht nur um ihres Fleisches willen

Ein eigentümlicher Todesfall, denn Marlene Dietrich ist längst unsterblich. Sie ist eine der großen Mythen, die das Kino hervorgebracht hat. Auch wenn sie selbst es immer weit von sich wies, etwas mit der unnahbaren Marlene in den Sphären der Imagination gemein zu haben. Kaum etwas von all dem, was über sie geschrieben wurde, fand in ihren Augen Gnade. Die Charakterisierung von Kenneth Tynan „She has sex, but no particular gender", sie habe Sex, aber kein spezielles Geschlecht, fand sie die noch intelligenteste. Zeit ihres Lebens wehrte sie sich mit trotzigem Understatement und Berliner Schnoddrigkeit gegen die Verwechslung ihres übermächtigen Bildes mit der am 27. Dezember 1901 in Berlin geborenen Marie Magdalene Dietrich.

Schauspielerin hatte die Tochter eines preußischen Offiziers nie werden wollen. Sie studierte Musik, doch mußte sie die Violine aus gesundheitlichen Gründen aufgeben. Nach dem Besuch des Max-Reinhardt-Seminars hatte sie ihre Laufbahn in den Berliner Theatern begonnen, als Partnerin von Hans Albers und Fritz Kortner. Sie übernahm etliche kleine und größere Stummfilm-Rollen, doch die Regisseure wußten nichts Rechtes mit ihr anzu- fangen, stilisierten sie mal als pummeliges Dienstmädchen, dann als fidele Kokotte. Gleichwohl fiel sie auf. Alfred Kerr, der Doyen unter den Berliner Kritikern, schätzte sie 1924 „um ihres Fleisches willen"

Es war Joseph von Sternberg, der Marlene Dietrich schließlich zur Ikone machte und sie im „Blauen Engel" zum größten deutschen Weltstar dieses Jahrhunderts formte. Sternberg, ein Meister des artifiziellen Lichtspiels, war auf eine Frau getroffen, die in ihrer Person fast sämtliche Facetten von Weiblichkeit vereinte, sich aber gleichzeitig willig und diszipliniert stilisieren ließ.

Siegfried Kracauer befand, sie verkörpere als Lola „das Geschlecht in neuer Gestalt". Ihr schlanker Körper, ihre allseits bewunderten Beine spielten dabei nicht die entscheidende Rolle, sondern ihre deutlich spürbare Autonomie gegenüber männlichen Blicken und Projektionen. Und dann war da ihre Stimme. „Ich bin von Kopf bis Fuß auf Liebe eingestellt", sang sie mit dieser immer leicht heiseren Altstimme, von der ihr Freund Ernest Hemingway schrieb: „Selbst wenn sie nichts als ihre Stimme hätte, könnte sie einem damit das Herz brechen. Doch sie hat dazu noch diesen schönen Körper und die zeitlose Schönheit ihres Gesichts".

Sternberg, mit dem sie sechs ihrer ersten sieben Filme in der Neuen Welt drehte, modellierte sie in Hollywood zur „femme fatale", zum kühlen Vamp, einer undurchschaubaren Figur, zu einer Sphinx. Mit „Marocco", „Entehrt", „Shanghai Express" und „Blonde Venus" wurde sie zur Antipodin der dunklen geheimnisvollen Greta Garbo, der Hollywood damals zu Füßen lag. Marlene Dietrichs vitale Vulgarität der Lola ging dabei im Glamour auf. Aus der drallen Berlinerin wurde eine synthetische Figur, eine „metropolitan lady", modern, androgyn, hermetisch. Sie war eine Frau des 19.Jahrhunderts, doch zugleich Idol der sich emanzipierenden Frauen zwischen den Weltkriegen.

Je mehr sie zum „Mythos Marlene" wurde, um so störrischer beharrte sie auf der strikten Trennung zwischen öffentlichem und privatem Leben. Sie selbst habe nichts mit ihren Rollen zu tun, erklärte sie immer wieder. Der kühle Vamp war sie nicht. Ihr größtes Glück waren ihre Tochter und ihre Familie, sie führte ein zurückgezogenes häusliches Leben. Und sie war eine Preußin, im besten Sinne. Sie folgte der von ihr gern zitierten Devise: „Logik macht das Leben leichter." „Bei der Arbeit war sie wie ein Soldat", beschrieb sie Billy Wilder, mit dem sie unter anderem „A Foreign Affair" drehte. „Hervorragend diszipliniert und hilfsbereit allen gegenüber."

Ein politischer Mensch hat Marlene Dietrich nie sein wollen, doch die deutsche Diktatur zwang sie dazu, Position zu beziehen. Sie tat es mit einer bewundernswerten Klarheit und Konsequenz. Zur Zeit der Machtergreifung der Nationalsozialisten lebte und arbeitete sie bereits in Kalifornien. Doch Hitler, Goebbels und Göring wollten die bekannteste deutsche Schauspielerin unbedingt heim ins Reich holen. Sie war eine Lieblingsschauspielerin Hitlers, doch sie wies das Angebot eines triumphalen Einzuges durch das Brandenburger Tor kühl und verachtend zurück. „Aus Anstandsgefühl", sagte sie, sei sie zur- glühenden Antifaschistin geworden. „Verfolgung unschuldiger Menschen war, ist und bleibt eine verhaßte Tat. Für die Dimension des Faschismus gibt es keine Worte." Zusammen mit Ernst Lubitsch unterstützte sie Fluchthelfer, die NS-Verfolgte über die Schweiz in die USA schleusten.

Ihr Antifaschismus war es auch, der sie nach langer und harter Filmarbeit wieder auf die Bühne führte, zunächst in sehr ungewöhnlicher und unwirtlicher Umgebung. Begleitet vom Donner der Artillerie, sang und tanzte sie an der Front für Soldaten der US Army. Später erinnerte sie sich an die Filzläuse und an die kalten Pfoten der Ratten, die ihr über das Gesicht huschten, wenn sie in einem provisorischen Quartier in ihrem Schlafsack lag. 1945 marschierte sie mit den siegreichen amerikanischen Truppen und im Rang eines Hauptmanns der US Army in ihre alte Heimat ein. Sie hatte bereits 1937 die amerikanische Staatsbürgerschaft angenommen.
Ihr Verhältnis zu den Deutschen war und blieb bis zuletzt ein schwieriges. Als sie im November 1945 zur Beerdigung ihrer Mutter nach Berlin kam, sagte sie: „Ich fühlte, daß ich nicht nur meine Mutter zu Grabe getragen hatte, sondern daß es das Deutschland, das ich liebte, nicht mehr gibt." Erst der Fall der Mauer scheint ihr ihre Heimatstadt wieder so nahe gebracht zu haben, daß sie in Berlin begraben werden wollte.

Am 15. Dezember 1953 trat sie als „white empress of entertainment" in Las Vegas auf die Bühne. Sie kehrte den Filmstudios den Rücken und begann eine zweite Karriere als Diseuse. Rastlos reiste sie durch die Welt, gastierte mit Burt Bacharach, der ihre Songs arrangierte, in Moskau und Sydney, Warschau und London. „Supply and demand" Angebot und Nachfrage, gab sie lakonisch als Grund für diese neue Karriere an.

Als sie 1960 auch in Deutschland auftrat, wurde sie als Vaterlandsverräterin beschimpft. Die „Badische Zeitung" stänkerte: „Es wäre für Marlene und uns besser, sie bliebe dort, wo sie ist." Nationalistische Bundesbürger empfingen sie mit Transparenten wie „Marlene, hau ab!" Als Sängerin wahrte sie große Distanz zu ihrem Publikum. Sie wurde kein Star zum Anfassen, der sich beim Publikum anbiedert, war vielmehr ganz Stil; ein nahezu übermenschliches, perfektes und kühles Faszinosum.

Ende der 70er Jahre zog sie sich in ihre Pariser Wohnung zurück. Sie las pausenlos. „Rainer Maria Rilke - allein und für immer", aber auch Grass, Handke oder Camus. Eine einsame in Deutschland geborene Kosmopolitin mit amerikanischem Paß war sie geworden und ließ nur noch ihre Tochter und enge Freunde an sich heran.

Maximilian Schell fragte sie 1982, ob sie Angst vor dem Tode habe. „Nee", antwortete Marlene Dietrich. „Man sollte Angst haben vor dem Leben, aber nicht vor dem Tod. Da weiß man doch nichts mehr. Ist doch aus." Ob sie nicht an ein Leben nach dem Tode glaube? „Aber so ein Quatsch. Da kann man doch nicht dran glauben, daß sie da oben alle rumfliegen ... Außerdem glaube ich nicht an eine höhere Macht, oder die höhere Macht ist meschugge."

Michael Sontheimer, die tageszeitung

Unser Gewissen auf zwei langen Beinen

Marlene Dietrich, die Schauspielerin und Sängerin, ist am gestrigen Nachmittag in ihrer Wohnung in der Avenue Montaigne in Paris gestorben. Als Marie Magdalene Dietrich war sie am 27. Dezember 1901 in Berlin geboren worden. Sie studierte bei Max Reinhardt Schauspielerei und kam als 20jährige zum Film. 1929 kam Joseph von Sternberg nach Berlin, um den „Blauen Engel" nach dem Roman von Heinrich Mann zu drehen. In der Rolle der „feschen Lola" spielte sie an der Seite von Emil Jannings (als bigotter Professor Unrat). Auf einem Faß sitzend, sang sie den Song „Ich bin von Kopf bis Fuß auf Liebe eingestellt"; ihre Haltung gab der Weimarer Republik reichlich Gelegenheit, ihre langen Beine zu bewundern. Der „Blaue Engel" ist einer der berühmtesten Filme, die jemals in den damaligen UFA-Studios gedreht worden sind. Am Premieretag, dem 30. April 1930, verließ sie Berlin, um mit von Sternberg zu arbeiten, kehrte kurz zurück und verließ Deutschland 1932 endgültig. Marlene Dietrich nahm 1937 die amerikanische Staatsbürgerschaft an und reiste zur Betreuung amerikanischer Truppen während des Zweiten Weltkriegs nach Europa. In dieser Phase erarbeitete sie sich ihre „One-Woman- Show", im Vergleich zu der sie die Arbeit am Film als „Kinderspiel" bezeichnet hat. Sie unterstütze antifaschistische Organisationen und half jüdischen Emigranten.

In Hollywood hat die Dietrich ganz groß Karriere gemacht, die ersten sechs Filme drehte sie mit von Sternberg: „Entehrt" (1931), „Shanghai Express" und „Blonde Venus" (1932). Nach der Kriegspause hatte sie ihr Film-Comeback in Billy Wilders zynischer Berlin-Komödie „A Foreign Affair". 1953 zog sie als Chansonsängerin erhebliche

Aufmerksamkeit auf sich. Sie sang drei Wochen vor ausverkauftem Haus in Las Vegas. Marlene hatte den Ruf eines Vamps, aber sie war eine eher knöcherne Erscheinung, eine wie eine Heilige inszenierte Figur mit rauchiger Stimme. In Deutschland war sie nach dem Krieg so etwas wie das Gewissen des Exils. Mehrfache Angebote, nach Deutschland zurückzukommen, schlug sie aus. Die Karriere als Sängerin war 1975 fast zu Ende, als sie sich den Oberschenkel brach. Eine Gala-Show, 1973 aufgezeichnet und drei Jahre später in Deutschland gesendet, bedeutet ihren Abschied von der Öffentlichkeit. 1979 zog sie sich nach Paris zurück, verweigerte sich allen Interviewwünschen und Fototerminen: „Ich wurde zu Tode fotografiert."

Die einzigen Interviews, die sie gab, wurden schriftlich geführt. Selbst Maximilian Schell, der 1983 ein Filmportrait über sie drehte, mußte sich mit einer Tonbandaufzeichnung begnügen. Nach dem Fall der Mauer meldete sich die gebürtige Berlinerin noch einmal zu Wort: bei der Silvesterfeier in den DEFA-Studios in Babelsberg sprach sie über Telefon mit den Gästen.

Marlene Dietrich war ein erotischer Mythos, kühler und distanzierter als die Monroe, und - wie es bis gestern schien - unsterblich. In einem Interview sagte sie, die schönste Zeit ihres Lebens sei zu der Geburt ihrer Tochter Maria gewesen. Es schien, als sei sie, die Offizierstochter, in der zweiten Hälfte ihres Lebens gegen den Ruhm der ersten zu Felde gezogen: Sie sei weder Vamp noch Mythos gewesen und habe - getreu ihrer preußischen Erziehung - nur immer ihre Pflicht getan.

die tageszeitung, Berlin

Zeitlos in der Zeit

Man kann sie unter verschiedenen Aspekten sehen: als Schauspielerin, als beispielhafte Persönlichkeit, als Teil unseres Bewußtseins der Zeit, in der wir leben, wie das Rockefeller-Center, die George Washington Bridge oder das Penicillin. Als politisch Engagierte im Kampf gegen Hitler.

Und natürlich war sie auch ein Sexsymbol, allerdings für eine Zeit, in der Gymnasiasten beim Anblick eines Minirocks noch in Ohnmacht gefallen wären.
Und eben dies macht ihre Zeitlosigkeit aus, wie in Maximilian Schells Dokumentarfilm über sie so bemerkenswert herauskommt: daß sie sich selbst nicht wichtig nahm, daß sie gegen die großen Worte war, gegen die Angeberei, Wichtigtuerei, gegen Anmaßung und Überheblichkeit. Sie tat, was man ihr sagte, wie es sich für eine Tochter aus preußisch - militärischem Hause gehörte. Sie machte glaubhaft, daß schöne Beine und eine vorgetäuschte Verruchtheit bereits genügten, um einen Professor in einen gackernden Clown zu verwandeln. Und als man sie fragte, ob sie sich besonders sexy gefühlt habe, antwortete sie: „Ach Quatsch, ich hatte doch nur einen Job zu tun, das war alles!"
Und eben dies war ihr Beitrag zur Zeit: Etwas, das schnell vorübergeht, einen Augenblick in der Geschichte, auch dort, wo sie am banalsten ist, festzuhalten, zu verewigen. Marlene Dietrich: ein Gassenhauer, gesungen von einer brüchigen Stimme in einer Nacht ohne Ende.

Hans Sahl, DIE ZEIT

Die stählerne Orchidee

In Paris erzählten jene Auserwählten, die Marlene Dietrichs Telefonnummer kannten, seit Jahren schon eine merkwürdige Geschichte: In der Wohnung in der Avenue Montaigne Nr. 12 melde sich stets ein Dienstmädchen, das den Anrufer zwar ausfrage, was er denn wolle, das Gespräch dann aber mit der stereotypen Bemerkung beende, Madame Dietrich sei gerade nicht anwesend, zudem sei völlig ungewiß, wann sie zurückkomme - und dieses Dienstmädchen, mit verstellter Stimme, sei niemand anders als Marlene Dietrich selbst.

Die Geschichte hat manches für sich, gab es doch viele Anzeichen, daß der gealterte Star sich zunehmend in seine Erinnerungen einigelte - und in dieser Isolierung, allein gelassen mit der eigenen Legende, offenbar nicht so recht glücklich war. Maximilian Schells Interview-Film „Marlene" hat 1983 dieses Rumpelstilzchen-Syndrom ausführlich dokumentiert. Die Schauspielerin mochte nicht mehr vor die Kamera treten, und sie fand die schöne, wiewohl keineswegs uneitle Begründung dafür, man habe sie längst „zu Tode fotografiert". Gegen einen Autor, der andeutungsweise an der moralischen Makellosigkeit ihrer Jugendjahre gezweifelt hatte, ging sie vor ein paar Jahren noch vor Gericht. Und das 1979 in ihrer Autobiographie entworfene Selbstbildnis galt ihr offenbar als derart authentisch und endgültig, daß sie sich nicht genierte, das Buch 1984, nur unwesentlich verändert, unter anderem Titel noch einmal zu veröffentlichen.

Wie Greta Garbo ist sie in ihren späten Lebensjahren nicht etwa vergessen worden, sondern eine Legende geblieben - was keineswegs selbstverständlich ist in der schnellebigen Welt des Films. Greta Garbo und Marlene Dietrich sind vielleicht die beiden einzigen, die heutzutage noch jedermann einfallen, wenn es darum geht, Hollywoods „First Ladies" mit Namen zu nennen. Ihre Karrieren sind voll merkwürdiger Parallelen und sogar Überschneidungen. Als sie beide 1925 in Berlin den Stummfilm „Die freudlose Gasse" drehten, hatte die Dietrich wieder nur eine Nebenrolle, die vier Jahre jüngere Schwedin hingegen war durch die Hauptrolle in der „Gösta Berlings Saga" schon berühmt geworden, und sie schaffte danach auch sofort jenen Sprung nach Hollywood, der Marlene Dietrich erst fünf Jahre später nach dem Welterfolg des „Blauen Engel" gelingen sollte. In Hollywood scheute sich die Dietrich nicht, eine Liebesaffäre mit dem einstigen Garbo-Geliebten John Gilbert zu beginnen.

Jede der beiden Stars hatte als Mentor einen europäischen Regisseur: die Garbo den Schweden Mauritz Stiller, die Dietrich den in Wien geborenen, längst zum Amerikaner gewordenen Joseph von Sternberg. Beide waren außergewöhnliche Männer, selbstbewußt bis zur Arroganz, voll von leidenschaftlicher Liebe zur Kunst - und zu ihren Stars. Der homosexuelle Stiller liebte die Garbo hoffnungslos und mußte ihr seine Karriere zum Opfer bringen. Sternberg, verheiratet wie die Dietrich, war nicht minder hoffnungslos verliebt in die Frau, die sich ihm in beruflicher Hinsicht fast sklavisch unterwarf, ihm privat jedoch die Grausamkeit einer hinhaltenden Freundschaft antat. Sternberg hat das fünf Jahre lang ausgehalten und in seinen Filmen die geliebte Frau in ein Objekt zwiespältig gebrochener Verehrung verwandelt.

Besonders liebte er das Judith-Motiv des erotischen Opferganges. Sternberg zeigte sie als ausgehaltene Geliebte eines reichen Lebemannes, die schließlich aus Liebe zu einem armen Fremdenlegionär allen Wohlstand aufgibt und zusammen mit Prostituierten und Marketenderinnen im Troß der Truppe hinterherzieht (Marocco). In „Dishonored" opfert sich die zur Spionin gewordene

Prostituierte für das Vaterland, im „Shanghai Express" versucht sie, das Leben des Geliebten durch die Liebesofferte an einen anderen Mann zu retten, in der „Blonden Venus" läßt sie sich aushalten, um die Heilung des kranken Ehemannes zu bezahlen, in der „Scharlachroten Kaiserin" geht sie für das Land, das gar nicht einmal ihr Vaterland ist, wohl aber eine Bühne für ihren Glücksegoismus, durch Männerbetten und über Männerleichen - und falls Sternberg jemals die Absicht hatte, mit einem Film Rache zu nehmen an dieser Frau, so ist es ihm 1935 mit seinem letzten Dietrich-Film gelungen: einer Art Carmen-Geschichte mit dem bezeichnenden Titel „The Devil is a Woman".

Es ist ein Film der Kulissen und Kostüme geworden, der betörenden Arrangements, wie sie einst das Theater Max Reinhardts als neoromantisches Narkotikum entdeckt hatte. Wir erleben ein Spanien aus dem Märchen: ein politisches, historisches und moralisches Niemandsland. Das wichtigste Instrument des Künstlers Sternberg war nicht die Handlung, sondern das Licht. Er umgab seinen Star in jedem Film mit delikaten Scheinwerfer-Aureolen, und durch diese fast sakrale Inszenierung des Lichts wird Marlene Dietrich verklärend ins Bild gerückt wie eine Heilige. Den großen Hollywood-Fotografen, Cecil Beaton an der Spitze, blieb bei ihren Huldigungen nichts anderes übrig als die Vision Sternbergs zu wiederholen. Als der letzte Filmmeter von „The Devil is a Woman" gedreht war, verließ Joseph von Sternberg grußlos das Atelier, eine gekränkte Dietrich zurücklassend. Er hat in seinen Memoiren später noch einmal Rache an ihr genommen, indem er sie als gehorsames Dummerchen karikierte. Die Überlegenheit war aber bloß vorgetäuscht, denn die Selbstquälerei dieser unerwiderten Liebe scheint ihm bis zu seinem Tode 1969 Lebensmut und Kreativität geraubt zu haben.
Für die Dietrich war die Trennung eher befreiend. Zu welcher Ausdruckskraft sie jenseits der Sternbergschen Ikonen-Ästhetik

befähigt war, hat ihr zum ersten Mal der große, zu Unrecht etwas unterschätzte Regisseur Rouben Mamoulian abgetrotzt. In der Sudermann-Verfilmung „Song of Songs" - 1933 gedreht, also noch mitten in der Sternberg-Ära - durfte sie vor Liebesleidenschaft schier explodieren: Das furiose Finale dieses Films gehört zum Überzeugendsten, was sie je geleistet hat. Alfred Kerr, damals schon im Exil, bekannte vor diesem Film, er sei „von Schönheit erschüttert".

Marlene Dietrich ist dann als Hitchcocks „Rote Lola" aufgetreten (Stage Fright, 1950), war bei Billy Wilder im Nachkriegs-Berlin eine zwielichtige Deutsche (A Foreign Affair, 1948), dann 1958 die „Zeugin der Anklage". Sie hat 1939 in George Marshalls Western „Destry Rides Again" eine hinreißende Hauptrolle gehabt und ist 1951 bei Fritz lang noch einmal im Western-Milieu aufgetreten (Rancho Notorious, 1951). Jenseits aller Schönheit, hat Orson Welles sie dann 1958 im Inferno des „Touch of Evil" aufmarschieren lassen. Wieder eine andere Facette ihrer Persönlichkeit durfte sie im Fach der Gesellschaftskomödie beweisen. Ernst Lubitsch, der Moliere Hollywoods, hat das schon früh erkannt und sie sich sofort nach dem letzten Sternberg-Film für eine eigene Produktion gesichert. Der junge Frank Borzage, später ein Meister des Melodrams, drehte 1935 unter künstlerischer Oberaufsicht von Lubitsch die hinreißend perfekte, emotional anrührende Kriminalkomödie „Desire", in der Gary Cooper ihr ebenbürtiger Partner ist. Zwei Jahre später zeigte Lubitsch sie dann zwischen Herbert Marshall und Melvyn Douglas in einer seiner typischen Dreiecksgeschichten (Angel).

Viele gerade ihrer besten Filme leben von der Musik, die nicht immer, aber sehr oft von Friedrich Hollaender stammt. Das beginnt mit den bekannten Chansons des „Blauen Engel" geht über den „Johnny" des „Song of Songs", „The Boys in the Backroom"

(Destry Rides Again) und „The Man's in the Navy" (Seven Sinners) bis hin zu „Black Market" und „The Ruins of Berlin" in „A Foreign Affair". Die dunkel getönte Stimme mit dem herausfordernd schleppenden Sprechgesang ist weltweit populär geworden. Sie reichte aus für eine internationale Konzerttournee und für regelrechte Schlagererfolge („Sag mir, wo die Blumen sind, wo sind sie geblieben?"). Das Geheimnis ihrer Ausstrahlung ist von mehreren, die es wissen müssen, recht übereinstimmend auf die Formel gebracht worden, es beruhe auf einer Art erotischem Trägheitsprinzip, fast einer Faulheit, die provozierend und laszlv wirke.

Durch die dunkle, rauh belegte Stimme bekommt sie aber auch etwas Kämpferisches, das mit ihrer zarten, fast zerbrechlichen Körperlichkeit spannungsvoll kontrastiert. Denkt man an sie zurück, so ist es eigentlich niemals so, daß man sie bloß vor sich sieht, man hört sie auch. Singend, redend, flüsternd, schreiend - wie auch immer, war sie stets doch eine Göttin des Tonfilmzeitalters. Und darin so ganz anders als die große Konkurrentin Greta Garbo, die zeitlebens etwas von der marmornen Monumentalität des stummen Films behalten hat.

Marie Magdalene Dietrich wurde am 27. Dezember 1901 in Berlin-Schöneberg geboren. Sie wuchs auf im Milieu gehobenen Bürgertums: Der Vater war Polizeileutnant, die Mutter stammte aus einer angesehenen Juwelierfamilie. Nach dem frühen Tod des gutaussehenden Vaters heiratete die Mutter einen adligen Offlzier, der dann im Ersten Weltkrieg tödlich verwundet wurde. Die Mutter schickte die heranwachsende Tochter nach Kriegsende für drei Jahre in ein Weimarer Internat, offensichtlich, um sie vor den moralischen Gefahren der hektischen Nachkriegsmetropole zu bewahren - mit in derselben Nacht mit dem Zug von Berlin nach Bremerhaven, von dort mit dem Schiff nach New York.

Das Engagement gegen den Hitler-Staat fiel ihr leicht. Zu sehr war die Berliner Boheme ihre Heimat gewesen, als daß sie jemals hätte sympathisieren können mit einem Regime, das Juden, Kommunisten und Homosexuellen den Kampf angesagt hatte. Im Zweiten Weltkrieg wurde sie dann amerikanische Staatsbürgerin, arbeitete sehr aktiv bei der Truppenbetreuung und fand später, als man ihr in Deutschland diesen Einsatz vorhielt, die entwaffnenden Worte: Die Nazis „haben Kinder ermordet, verstehen Sie, da brauchte ich nicht viel zu überlegen". Zum Thema Truppenbetreuung gibt es die hübsche Anekdote, sie sei auch als Wahrsagerin aufgetreten. Auf die Frage, wie sie denn das bewerkstelligt habe, gab sie zur Antwort: „Wenn mir auf der Bühne ein junger GI gegenübersitzt, dann ist es doch nicht schwer zu erraten, woran er denkt." Die männerverachtende Pointe ist, wenn nicht wahr, auf jeden Fall doch gut erfunden.
Die Dietrich, die bezeichnenderweise mit dem Ruf der Lesbierin kokettierte, liebte es, Männer in pseudoerotischen Freundschaften zu fesseln und ihre Zuneigung auszunutzen, um sie dann mit Unschuldsmiene zu demütigen. Sie hat dieses Spiel mit Sternberg gespielt und mit Hemingway, um nur die größten Namen zu nennen. Gelegentlich geriet sie freilich an den Falschen. So baute ihr Konzertdirigent Burt Bacharach sich eine eigene musikalische Karriere auf und wagte es außerdem noch, eine hübsche Filmschauspielerin zu heiraten - beides hat ihm die Dietrich nie verziehen.

Eine leidenschaftliche Liebesaffäre mit dem hemmungslos eifersüchtigen Jean Gabin scheiterte daran, daß er - genau wie sie - sich nicht scheiden lassen wollte. Und der gegenseitige Respekt, der sie mit Erich Maria Remarque verband, überdeckte doch nur mühsam die tiefen seelischen Verwundungen, die sie ihm offenbar zugefügt hat. In seinem Emigrantenroman „Arc de Triomphe" hat er seiner langjährigen Geliebten dennoch ein unvergeßliches Denkmal gesetzt. Die Joan Madou des Romans ist zugleich sentimentalisch liebend und kalt berechnend, eine „stählerne Orchidee". Gleich zu Beginn des Buches die herrliche Schilderung ihrer Züge: „ ... ein blasses Gesicht mit hochliegenden Wangenknochen und weit auseinanderstehenden Augen. Das Gesicht war starr und maskenhaft, es wirkte, als sei es eingestürzt .. später heißt es dann: "Das kühne, helle Gesicht, das nicht fragte, das nur da war und wartete - es war ein leeres Gesicht ..., ein Gesicht, das jeder Wind des Ausdrucks ändern könnte. Man konnte alles hineinträumen. Es war wie ein schönes, leeres Haus, das auf Teppiche und Bilder wartete. Alle Möglichkeiten waren in ihm - es konnte ein Palast und eine Hurenbude werden. Es kam auf den an, der es füllte".

Millionen haben ihre Sehnsüchte in dieses Gesicht projiziert, in diese Stimme - und nicht wenige wohl auch in diesen Lebensweg, der mit dem so reizvollen Umweg - über das klassische Weimar vom Berlin der 20er Jahre hinausführt in den Weltruhm. Sie wurde eine Filmschauspielerin und eine Schlagersängerin, und das heißt in ihrem Fall: Sie hat den Menschen in aller Welt einen kostbaren Abglanz vermittelt von deutscher Gefühlskultur, von preußischem Sinn für Fleiß und Perfektion, von Berliner Lebenslust der 20er Jahre. In schwerer Zeit ist sie diesen Idealen in aller Öffentlichkeit treu geblieben. Millionen Menschen haben sie, die ewig Untreue, wegen ihrer Treue geliebt. Marlene Dietrich ist vorgestern, um drei Uhr nachmittags, im Alter von neunzig Jahren in Paris gestorben.

Wilfried Wiegand, Frankfurter Allgemeine Zeitung

Adieu Marlene

Adieu, Marlene. Was ich Dir immer schon sagen wollte, von Frau zu Frau: Du warst - wie kann es anders sein - natürlich Vorbild aber auch Komplizin in der Kunst, was aus sich zu machen, auch wenn uns der Herr nicht ganz so geschaffen haben sollte wie wir es gerne hätten. Du warst **die** Frau überhaupt. Mit dem eindeutigen Schmelz der Frau von gestern und dem zweideutigen Reiz der Frau von heute, die den Mann nicht nur um sich, sondern auch in sich hat. Und was ich Dir auch immer schon sagen wollte, von Schauspielerin zu Schauspielerin: auch darin kannst Du nicht nur Vorbild, sondern auch Komplizin sein, in der Kunst, das Spiel zwar ganz zu spielen, aber es trotzdem nicht zu idiotisch ernst zu nehmen. Und immer war es ein Genuss, Dich zu sehen, immer hast Du es verstanden, die Dosis Erotik zu versprühen, die das Leben so viel schöner macht. Denn ehrlich gesagt, was gibt es schon Wichtigeres als "von Kopf bis Fuß auf Liebe eingestellt" zu sein. Und danke für die ironische Distanz, mit der Du die eigene Vergötterung begleitet hast. Und was ich Dir auch schon immer sagen wollte, als Deutsche zur Deutschen: wir jedenfalls sind stolz auf Dich, wir, die Nachgeborenen, die Nachkriegsgeneration, wir sind stolz, daß es solche wie Dich gegeben hat, die zur Hitlerzeit auf der Seite des Feindes standen, und das aus Liebe zum besseren Deutschland. Und für uns warst Du längst schon zur Ehrenbürgerin geworden, auch ohne Verdienstkreuz und blechernes Tralala. Und wenn ich sage, *Du warst*, könnte ich auch sagen, *Du bist*, denn Marie Magdalene Dietrich ist gegangen, aber Marlene Dietrich bleibt.
Denn blaue Engel sterben nicht.

Hanna Schygulla

Das zweite Gesicht

Es ist eine Frau verschwunden, die zuletzt, lange Zeit, nur noch eine Stimme, gelegt auf alte Fotos, gewesen ist. Eine "zu Tode Fotografierte". wie sie selbst gesagt hat: eine Fläche mit einem Bild, und auf dieses Bild konnte jeder ein zweites projizieren, ein Bild auf ein Bild, und trotzdem ist sie darunter immer eine, eine einzige geblieben. Keine von den reinen Natur-Frauen, die das Dritte Reich sich angeeignet hatte und die von ihm profitierten, nicht die ungeschminkte fesche Bergsteigerin oder eine im Schidreß und hinter ihr die ewige männliche Projektion der Unschuld - die verschneiten Berge (vor denen die Frau verschwindet, endlich selbst verdrängt, und, in ihrem Verschwinden, zur personifizierten Unschuldigkeit gemacht), nicht das bäurische deutsche Mädel mit dem breitflächigen Gesicht, die Polenvernichterin mit ihrem klangvollen Kinderton (»Sie wissen doch, wir kaufen nicht bei den Juden!«), nicht der Vamp mit der sicherlich größeren Stimme, dem der Wind aber immer nur dasselbe erzählt, das alles oder nichts sein kann, egal was.

Nein. Kein Nicht-Gesicht, sondern, in seiner extremen Künstlichkeit, ein Menschen-Gesicht, das jede - männliche wie weibliche - Projektion wieder auf sich selbst zurückwirft, weil das eigene Sein so stark und eigensinnig ist, daß es den Blick wieder zurücklenkt auf den, der das Fleisch beschaut.

Eine Film-, eine Fotofläche, die wiederum auf eine Fläche aufgetragen ist und die jeder als erhaben, erhöht empfinden muß. Aber diese Erhöhung ist nicht charmantes, mondänes, nebensächliches Detail, sondern es ist immer nur sie, die sich aus dem Bild wieder herausarbeitet: diese hochgezogenen Brauen, die dort von Natur aus nie gewachsen waren! Der berühmte weiße Strich auf dem

Nasenrücken, um die Entenschnabel-Nase klassisch erscheinen zu lassen Die endlosen Wimpern! aber all diese Künstlichkeiten, nur dazu geschaffen (aber nicht von Mutter Natur!), um das Verborgene herauszureißen aus der Unverborgenheit (bis sich diese Frau schließlich endgültig selbst verborgen hat), all diese Farbpinsel, einmal sogar die Goldfarbe am ganzen Körper, sie haben diese Frau nur immer wirklicher gemacht.

Diesem gierigen Griff der Nazis nach allem, was es gibt, diesen Ansprüchen auf die ganze Welt, die die Goebbels und Hitlers auf nichts als Natur (Rasse, Blut, Boden) gegründet hatten, ihnen hat sich die Dietrich als Wirklichkeit ein für allemal entrissen. Dieser Naturhaftigkeit der hochbezahlten, weiblichen Nazi-Stars, dieser patenten Mädels und tüchtigen, leiderfahrenen Heldenmütter in spe (und die Frau ist ja das reine biologische Sein, sie i s t Natur und deshalb jedem Zugriff preisgegeben) ist die reine Kunst im Gesicht Marlenes entgegengesetzt worden, und aus diesem brutalen Akt des Ans-Licht-Reißens des Verborgensten, das in endloser Wiederholbarkeit auf einer Leinwand gezeigt wird, ist ein Kunstwesen gestiegen, das ein Mensch war, weit jenseits der geschändeten Natur und daher auf ewig jedem Zugriff entzogen. Und doch gerade darin wieder die Menschlichste von allen.

Ein wie durchsichtiges, sorgfältig bemaltes Gesicht. das den Blick auf die Wahrheit lenkt. Ein Wesen, das dem Mann herausfordernd an die Seite tritt, ein Schauen, das Distanz erzeugt, bis diese Durchsichtigkeit ihr Gegenteil schafft: äußerste Sichtbarkeit, eben Wahrheit. Und dieses Distanz Gebietende dann wieder ganz aufgehoben auf dem Foto mit den GIs. die sie zur Truppenbetreuung aufgesucht hat, um ihnen ihre Lieder vorzusingen, sie ist in ihrer Uniform mitsamt ihren berühmten Beinen und ihrem übermalten Mund mehr Gefährtin dieser jungen Burschen als die kumpelhafte Pin-upSchönheit einer Betty Grable, die jeder in seinen Spind geklebt hatte. damit sie bei ihm bleibt und nicht wegrennen kann. Diese Frau, diese Marlene Dietrich hat den Entschluß gefaßt, bei ihnen zu sein, und der Entschluß macht sie zu einer Kameradin, verwandelt sie ihnen an.

Die Durchsichtigkeit des Gesichts ist durchbrochen, und man kann dahinter auf diese Frau, diesen Menschen sehen, der kein Schmuck für irgendetwas oder irgendjemand ist, diese Transparenz aus Puder und Schminke läßt den Blick überschießen auf das Wissen, das der Unschuldigkeit des reinen Bildes endlos wieder zurückgegeben wird. so daß dieses niemals mehr nur ein Bild sein kann und sonst nichts.

So ist sie in ihrem Verschwinden gleichzeitig immer gegenwärtiger geworden. Der Blick auf ihre Filme war kein Blick, der seinen Gegenstand im Schauen aufgehen und damit verschwinden ließ, sondern, im Gegenteil, dieser Blick des Zuschauers im dunklen Kinosaal hat jenes mit Gold überzogene Wesen, jene wunderbar lässige tiefe Stimme hervorgebracht, und doch war das, was da hervorgebracht wurde, nicht das Eigentum jedes einzelnen Schauenden, diese Frau wurde nicht vom Blick geschaffen so wie jeder - sie- haben -will, eine für viele, sondern sie taucht auf, wird gezeigt, ihre Flügel heben sich, und, tatsächlich, sie schaut zurück! Schaut einen direkt an, sie nimmt sich, indem sie angeschaut wird, das Recht des Blickes, und nie wird sie eine für andere sein, sondern, indem sie uns zur Seite steht, doch immer nur sie selbst bleiben, auch wenn sie jetzt verschwunden ist.

Die Technik des Films, der Tonaufnahme, sie hat nie vermocht, das Sein der Dietrich anzutasten und damit schon zu zerschlagen, ja es ist diesem chemischen Verbannungsprozeß der Technik nicht einmal gelungen, sie für immer und ewig dort zu bannen, wo sie von einem Schöpfer (und gerade sie, die ihren Regisseur Joseph von

Sternberg als "ihren Meister" und sich als "seine glückliche Marionette" bezeichnet hat, hat nie wirklich einen Meister gehabt) hingestellt wurde, nein, indem Apparate sie noch einmal zu erschaffen versuchten, sie nach wie vor in beliebiger Wiederholung vor uns auftauchen kann, ist sie eben nicht zu Tode gekommen, sondern sie hat sich selbst aufgrund des selbst entscheidenden, denkenden Wesens, das sie war, immer wieder neu erschaffen können .

Sie wird immer wieder aus dem Bild auftauchen sprechen, singen. schlendern, aus dem Boden der Leinwand zutage gefördert: Beute für niemand.

Elfriede Jelinek, DIE ZEIT

Heiner Müller über Marlene Dietrich

Marlene Dietrich ist tot, jetzt lebt ihr Mythos. Ein halbes Leben lang hat sie versucht, ihr Mythos nicht zu sein und zugleich sich hinter ihrem Mythos zu verbergen, der ein Warenzeichen war, kein Heiligenschein. Sie war sehr deutsch und eine Musterschülerin des Kinos, mehr darauf bedacht, ihre Pflicht zu tun als glücklich zu sein.

Meine Erinnerung an ihre besten Filme ist die Trauer hinter der Perfektion, ein Ausdruck der Sehnsucht nach den Filmen, die mit ihr nicht gedreht wurden, nach den Rollen, die sie nicht gespielt hat.

Die Leerstelle ist eine Landschaft des Heimwehs und der Utopie. Sie war so viel mehr als ihre langen Beine, kein Fleisch ohne Geist wie die Idole nach ihr. Aus dem Dunkel, in das sie jetzt gegangen ist, leuchten ihre Träume.

Heiner Müller, Wochenpost

Deutschstunde mit Marlene

Marlene Dietrich hatte mit Berlin ein Ding zu laufen. Und Berlin - wohlgemerkt: die Teile und das Ganze - umgekehrt mit ihr.

Gegenseitige Haßliebe zwischen „der Dietrich" und „den Deutschen" wird uns als Billigerklärung angeboten, womit eine falsche Symmetrie in eine in der Tat komplizierte Beziehung gebracht wird. Die ewige Sucht zur Gleichverteilung von Schuld hätte mit dieser Lesart wieder mal erreicht, daß sich nichts ändern muß. Beide Seiten - wiederum unbestimmt „nirgendwie" - im Recht, aber niemand hat recht. Die Moral von der Geschicht: Es gibt keine.

Ein Gutes hat der Medienrummel um Leben und Sterben von Frau Dietrich: Ihre Geschichte liegt vor uns wie ein offenes Buch. Und da ist es in der Tat kein Wunder, wenn Marlene neben Bewunderung bis zur Vergötterung auch allerhand Aggressionen auf sich gezogen hat: eine Frau mit einer erotischen Ausstrahlung, daß Männlein wie Weiblein der Atem stockt, eine, die ihren Weg geht, erfolgreich und reich in zwei Karrieren, geschlagen auch mit Phasen des Mißerfolgs, der Krankheit, der Armut - die aber dann nicht jammert, um Gunst bettelt. Ja, das provoziert offenbar nicht nur alle diejenigen, die traditionellen Frauenbildern nach-hängen, sondern auch die mit einem Hang zur demonstrativen Wohltat.

Aber das sind Provokationen für alle Welt. Hier in Deutschland ist offensichtlich immer noch der Teil von Marlene Dietrichs- Biographie Stein des Anstoßes, für den sie in Frankreich und den USA hohe Auszeichnungen bekommen hat: Ihr Einsatz für die alliierten Truppen während des Zweiten Weltkrieges. Ob sie zur Beerdigung geht, beantwortet Evelyn Künneke doch tatsächlich so: „Zu jemandem, der sein Vaterland verraten hat, gehe ich nicht hin!"

Das „heikle Kapitel" kleinzukochen, ist die zweite Variante des verrückten Umgangs: „Marlene Dietrich war eine Kämpferin. Sie haßte Hitler und Liz Taylor. Lesen Sie ihren offenen Brief an Liz", schreibt die „Bunte" in dieser Woche.

1930 war Marlene ihrem Regisseur von Sternberg nach Hollywood gefolgt. Mit einer gewissen Häme kommt hier zu häufig der Zusatz: „aus Karrieregründen" - als ob daran irgendetwas Anrüchiges wäre. Später, die Nazis hatten die Macht übernommen, und für den Juden von Sternberg gab es im Reich keine Arbeitserlaubnis mehr, soll die Dietrich diverse Rückkehrangebote nach Deutschland an die gemeinsame Reise mit ihm gekoppelt haben. Selbstverständlich wurde daraus nichts. 1939, wieder ein historisches Datum - wurde sie dann amerikanische Staatsbürgerin. 1944 zog Marlene als US-Sergeant mit den siegreichen Alliierten in Paris ein - die Monate vorher war sie in Uniform und Kostüm für die Truppenbetreuung unterwegs. Und zwar nicht irgendwo. Auf die Reporterfrage, ob sie denn jemals mit General Eisenhower geschlafen hätte, antwortete sie: „Der war doch nie an vorderster Front".

Für manches ist das deutsche Gedächtnis kurz, für anderes, insbesondere die Kultivierung der Legende von der eigenen Opferrolle, geradezu elefantenähnlich. Nein, mit dem „Verrat" hatten sich die Berliner - und sieht man die Pressefotos aus der Zeit - insbesondere die Berlinerinnen auch 1960 noch nicht abgefunden. Zwar schrieb sich Marlene Dietrich, neben dem stolzen Willy Brandt sitzend, in das Goldene Buch der Stadt ein, aber draußen tobten die mit den weniger eleganten Topfhüten. „Bleib, wo du bist!" hatte die Boulevardpresse des Westens gegen die Frau, die „mit unseren Feinden paktiert hat", als Parole ausgegeben. „Raus, aber mit den Hetzern !", setzte die Boulevardzeitung aus dem Ostteil dagegen, und das „Neue Deutschland" titelte: „Faschisten bedrohen die Dietrich - Stupo (nach dem damaligen Polizeipräsidenten Stumm, d.R.) regelt den Verkehr."

Adenauersche Restauration und sozialistischer Antifa sind aufgeboten, beides Angebote auf ein „Wir" -Gefühl, dem sich die Dietrich entzieht. Diese Frau liefert keine Antworten aus irgendeinem politischen Programm als Motiv für den aktiven Einsatz gegen Hitlerdeutschland. „Aus Anstandsgefühl", hat sie im Juni letzten Jahres in ihrem letzten Interview auf eine entsprechende Frage geantwortet. Disziplin, Mut, Anstand - eine preußische Weltbürgerin. Damit tun sich die Berliner schwer, diese Sorte Preußen läßt sich nicht in die Pro- und Kontra-Schubladen stecken wie die Jecken preußischer Militaristen.
Hemingway schrieb 1952 über sie: „Das ist es wahrscheinlich, was sie geheimnisvoll macht: daß eine so schöne und begabte Frau, die tun kann, was sie will, nur tut, was sie für unbedingt richtig hält, und daß sie so klug und mutig war, die Regeln aufzustellen, die sie befolgt."

Man kann die Dietrich nicht vereinnahmen. Man kann sie nur respektieren. Aber man konnte sie eben auch verletzen. Daß wir - egal auf wessen Initiative das passiert wäre, wer sagt, wir müssen auf den Senat warten? - es verpaßt haben, ihr zum 90. Geburtstag die Ehrenbürgerschaft unserer Stadt zu verschaffen, läßt sich nun nicht wiedergutmachen. Ach, Marlene, verdammt. Verzeihung.

Georgia Tornow, Berliner Zeitung

Marlenes Heimkehr

Marlene Dietrich, Schauspielerin, drei Nationen zugehörig und zwei Kontinenten, war eine Deutsche mit Weltruhm. Sie bat die Deutschen und vor allem die Berliner, aber gewiß auch ihre Freunde in Paris mit dem Wunsche überrascht, in der Stadt ihrer Herkunft begraben zu werden. Seitdem grummelt es in Berlin.

Gelindes Erstaunen zuerst; dann Verwirrung und Wittern, daß die Stadt nun für einen Augenblick wieder in den Mittelpunkt der Welt rücke; Geschäftigkeit und Kopfzerbrechen sogleich, was wie daraus zu machen sei und wie die Stadt sich ihrer wieder vergewissere außer als Totenbett. Laute Verkündungen, wuchernde Bäume von weltstarbesetzter Hommage - und eine glatte Bauchlandung des Senats, den dieses Ereignis in mittlerweile vertraute Konfusionen stürzte. Wir erlebten eine Komödie der Hilflosigkeit im Trauerfall, die weder auf Weltläufigkeit noch auf die Fähigkeit schließen läßt, Anlässen wie diesem souverän zu begegnen.

Auch das peinliche Spiel war wohl noch getragen von der Empfindung, Marlene Dietrichs Wunsch nach Heimkehr im Tode sei die letzte und endgültige Geste der Versöhnung nach einem langen Leben, das von der politischen Geschichte der Deutschen so mitgeprägt war wie jedes andere, das sich mit dem Regiment der Nazis nicht abfinden wollte. Und es schäumte bei der Aussicht auf die unerwartete Heimkehr auch wieder eine alte Liebe zu dem Mädchen aus Schöneberg auf, das das Märchen des Jahrhunderts vom Aufstieg in den Glanz der Rampenlichter und der Weltberühmtheit wahr gemacht hatte, und das in einer elenden Zeit, in der die alten Kriegsfeindschaften noch dauerten.

Es ist kein Fall bekannt, daß ein Schauspielertod - weder der von Gründgens, von Kortner, von Lieblingen wie Romy Schneider oder

Zarah Leander oder gar der Elisabeth Bergners - in diesem Lande ein derartiges Maß an Emotion in Bewegung gesetzt Liebe und Haß wieder neu entzündet hätte, wie dieser. Auch das alte Wort von der „Verräterin" läuft wieder um und man hört alte Vokabeln wie die, daß sie besser draußen bliebe. Die heftige Abneigung, die Marlene Dietrich bei ihren Auftritten in Wiesbaden und Berlin nach dem Kriege entgegenschlug, ist doch nicht vor ihr gestorben. Die Bilder ihrer Auftritte vor den GIs an der Front in Frankreich scheinen in der älteren Generation wie seelische Verletzungen zu haften.

Ihre Heimkehr zeigt, daß auch die Wunden der ersten deutschen Spaltung in diesem Jahrhundert, der von Exil und Dagebliebensein, noch nicht geheilt sind. Es besteht die schlimme Aussicht, daß sich die Zeichen später Vergeltung und Rachlust noch auf ihrem Grabe werden finden lassen, obwohl die Heimkehr doch bestätigt, daß ihr „Ich bin eine Berlinerin" nicht nur so hingesagt war. Sie hat das Land nicht vergessen, die Sprache nicht, nicht ihre deutschen Dichter, die ihre Lebensbegleiter waren bis zuletzt. Paris hätte sie gerne eingereiht in das Pantheon seiner Großen, denn Paris war ihre Zuflucht, auch vor dem neueren amerikanischen Geist. Die Trikolore auf ihrem Sarg bei der Trauerfeier in Paris zeigte, wie sehr man sie dort als eine der ihren empfand.

Daß sie nach Deutschland nicht zurückkehrte, sondern vor seinen Toren verweilte, gehört zum Schicksal vieler, die die Hitler-Tyrannei nicht akzeptierten. Man möge sich erinnern, daß auch Marlene Dietrich nur das vollzogen hat, was wir an Großen wie Alfred Döblin, an Carl Zuckmayer, an Bertolt Brecht längst mit Selbstverständlichkeit Grund zur Versöhnung sein ließen: Ihr Engagement gegen die nationalsozialistische Diktatur.

Der Grund für die von so vielen noch immer verweigerte Versöhnung, selbst jenseits des Lebens, mag in der Enttäuschung einer Liebe liegen, die niemand anderem so reichlich zuteil wurde wie Marlene Dietrich. Sie war ein Liebes-und Bezugsobjekt für alle. Diese Öffentlichkeit eines privat geführten Lebens begleitet sie noch auf ihrem letzten Weg in Berlin. Der familiäre Kreis findet die Beisetzung ausgeliefert den Augen der Welt. Und noch in der lüsternen Aufmerksamkeit der Kameras ist die Spur ihrer Wirkung verborgen. Die Mächtigkeit der Bilder in unserer Zeit hat sie mit bewirkt, und die Maschinen verfolgen sie bis zum letzten Moment ihrer Irdischkeit.

Günther Rühle, Tagesspiegel

Danksagung

Herausgeber und Verlag danken allen Autoren, Frau Christine Franz und der Stiftung Deutsche Kinemathek für die freundliche Überlassung des Text- und Bildmaterials.

Marlene Dietrich Realität

Marlene Dietrich lebte die letzten 20 Jahre ihres Lebens zurückgezogen in einer Luxusmietwohnung in Paris.
Nur wenige hatten in dieser Zeit so engen Kontakt zu ihr wie Constantin Petru, ihr Diener, Ratgeber, Vertrauter, der sie während der letzten dreizehn Jahre fast täglich besuchte.

Für die Allgemeinheit blieben viele Fragen unbeantwortet.

* War sie blind und häßlich oder die ewige Schönheit?
* Warum blieb sie die letzten 13 Jahre im Bett?
* Was hielt sie von den Ärzten?
* War sie wirklich eine Alkoholikerin?
* Hatte sie Freunde?
* War sie prozeßsüchtig?
* War sie eine Lesbierin?
* Welche Beziehung hatte sie zu Kirk Douglas oder Gangster Bugsy Siegel?
* Was hatte sie mit dem Zeitungsmagnaten John Forbes oder mit Elizabeth Taylor zu tun?
* Was war ihre Meinung über die Juden?
* Fühlte sie sich als Deutsche?
* Wovor hatte sie Angst?

Dieses Buch ist für alle, die sich für diese und andere Fragen interessieren, die wissen wollen, warum ihr ein Mann fünfzehn Jahre seines Lebens opferte.
Constantin Petru, Schauspieler und Lyriker, erzählt hier seine Geschichte, in der der «Blaue Engel» Marlene Dietrich zur Realität wurde.

Wider den Hass

226 Seiten, DM 20.-
Betzel Verlag
ISBN 3-929017-01-6

In diesem Buch nehmen Künstler Schriftsteller und Journalisten Stellung zum Thema Ausländer in Deutschland. Die Beiträge sind in Form von Kurzgeschichten, Erzählungen, Gedichten, Aphorismen, Kommentaren, Zeichnungen und Fotoarbeiten vieler Prominenter. Unter anderem enthält das Buch Beiträge von:
Václav Havel, Gustl Bayrhammer, Aenne Burda, Thomas Bohn, Walter Buschhoff, Claudia Butenuth, Elke Deuringer, Gabi Dohm, Fritz Egner, Michael Ende, Bernt Engelmann, Helmut Fischer, Ottfried Fischer, Lisa Fitz, Gunter Göring, Willy Harlander, Charles M. Huber, Bibi Johns, Bruno Jonas, Horst Jüssen, Peter Kraus, Heiner Lauterbach, Christa Lehnert, Bruni Löbel, Prof. Fritz Muliar, Erika Pluhar, Gerhard Polt, Will Quadflieg, Anneliese Rothenberger, Johannes Mario Simmel, Konstantin Wecker, Heidelinde Weis, Margot Werner, Klaus Wildbolz.

Brigitte Bardot - 60

Biografie eines Markenzeichens

Mit 60 Fotos

256 Seiten, DM 25.00

ISBN 3-929017-24-5

BRIGITTE BARDOT, DIE FILMGÖTTIN, DEREN INITIALEN « B.B. » ZU EINEM MARKENZEICHEN WURDEN, IST 60 JAHRE ALT GEWORDEN!

Die weltberühmte Buchstabenkombination BB war eine Erfindung von Roger Vadim und strahlte jahrzehntelang an den Fassaden sämtlicher Kinos der Welt. Wie keine andere Frau vor ihr prägte BB ein halbes Jahrhundert lang Haartracht, Bekleidung, Einstellung und Sexualverhalten der Frauen. Auch Ihr Engagement für die Tiere in den letzten 20 Jahren ist nicht nur zeitgemäß sondern hat auch geholfen, die Aufmerksamkeit der Medien für die damit verbundenen Probleme zu aktivieren.

Brigitte Bardot ist sicher das bedeutendste Phänomen seit der französichen Revolution, sagte einmal ein englischer Journalist.

In diesem Buch erfahren wir, ob diese Meinung heute noch Gültigkeit hat. Henri de Stadelhofen hat das aufregende Phänomen BB genau analysiert, indem er sogar die Freud'sche Seite ihrer Persönlichkeit ermittelte und Graphologen ihre Schrift untersuchen ließ. Er zeigt die Kindheit der BB, ihre Privatsphäre, ihre Umgebung und erklärt ihre Liebesabenteuer. Auch das Horoskop, erstellt von der berühmten Madame Soleil, wird ungeschönt in voller Länge gebracht.